Guiando Su Iglesia al crecimiento

El secreto de la colaboración del pastor y su gente en el crecimiento dinámico de la Iglesia

C. PETER WAGNER

Publicado por
Editorial **Unilit**
Miami, Fl. U.S.A

Primera edición 1997

Publicado en inglés con el título *LeadingYour Church to Growth*
por Regal Books, A Division of Gospel Light Publications
Ventura, CA. U.S.A

Traducido al español por: Juan A. Baquerizo

Producto 497654
ISBN 0-7899-0039-4
Impreso en Colombia
Printed in Colombia

Si usted está interesado en mantener el status quo, si está buscando formas de racionalizar la reducción de los miembros, si está interesado en alimentar el rebaño pero no en hacerlo crecer... este libro NO es para usted.

Es para usted si quiere entender lo que exactamente necesita hacer, para que su iglesia crezca en todo su potencial.

Contenido

A:

La comunidad 120,
el cuerpo de Cristo en acción.

Introducción

Este es un libro sobre liderazgo de la iglesia para crecimiento. Es un libro que intencionalmente no entra en muchos detalles: No intenta ser un estudio en teorías administrativas aplicadas a la iglesia. No es un libro de texto en teología pastoral. No es un intento de mostrar cómo algunos principios organizacionales pueden ser usados en una iglesia, tal y como un libro que yo tengo, y que lleva por subtítulo: "Como darse cuenta del potencial de su iglesia a través de una aproximación de sistemas".

Varios otros libros han hecho estas cosas y las han hecho bien.

No, este libro es acerca de liderazgo, estrechamente centrado en liderazgo para el crecimiento de los miembros de la iglesia. Si está interesado en mantener el status quo, este libro no es para usted. Si está buscando formas de racionalizar la reducción de los miembros de la iglesia, no lo necesita. Si está interesado en alimentar el rebaño; pero no en hacerlo crecer; hay muchos libros excelentes, en vez de éste, que pueden ayudarle.

Fui desafiado cuando leí una crítica reciente al Movimiento para el Crecimiento de Iglesias.

El autor reconoce que, entre los factores descubiertos en el crecimiento de iglesias, el liderazgo dinámico resalta consistentemente. Pero luego dice que el Movimiento para el Crecimiento de Iglesias "ha hecho poco, en realidad, para dar dirección en el tipo de liderazgo necesitado". Él pide más ayuda para saber qué tipo de liderazgo funciona mejor, y en qué tipo de situación.

Esto es, pienso, una apropiada evaluación y pedido legítimo. Así como he visto el cuerpo sustancial de la literatura para el crecimiento de iglesias producido la pasada década y media, no encuentro alguna discusión sustentada de cómo exactamente y por qué la influencia del liderazgo crece positiva o negativamente.[1] Un fuerte liderazgo pastoral es regularmente afirmado como un factor de crecimiento positivo; pero en un análisis profundo todavía le falta. Mi intención es empezar a llenar ese vacío. Mientras este libro no será ciertamente, la última palabra en la materia, creo que al menos abrirá avenidas de discusión fructífera que serán desarrolladas posteriormente en los años por venir.

Con esto como meta, debo necesariamente escribir para ministros y laicos. Ambos son ingredientes indispensables en el paquete de crecimiento, y el liderazgo tiene ligeramente, diferentes implicaciones para cada uno. Voy a argumentar por un fuerte liderazgo pastoral, mientras reconocemos que éste puede ser expresado a través de diferentes estilos. Voy a preparar un caso para seguimiento inteligente por parte del laicado mientras se anulan los extremos de pasividad o subservicio. Las iglesias no pueden crecer vigorosamente sin la adecuada combinación de ambos. Varios pastores, simplemente, no entienden su responsabilidad de liderazgo dada por Dios. Pero, aunque ellos la descubran, varios de ellos no son capaces de conducir sus iglesias hacia el crecimiento porque los líderes laicos clave de la congregación nunca descubrieron cómo trabajar al lado de un pastor de crecimiento de iglesia. Tengo la esperanza y oro para que Dios pueda usar este libro para promover el entendimiento y armonía entre los ministros y el laicado, para remover barreras innecesarias en el crecimiento de cientos de congregaciones, para abrir las puertas del Reino de los cielos a las multitudes que aún tienen que creer en Jesucristo, y rendir gloria a Él.

Nota:

1. Donald A. McGavran sección, "Administering for Church Growth". en la revisión de 1980 de "Understanding Church Growth (Grand Rapids: Wm. B. Eerdmans Publishing Co., 1980) trata mayormente con los principios de tender puentes, establecer metas y planificar; pero no con la relación pastor-personas de las iglesias locales.

1

¿Por qué una iglesia crece?

El tema de este libro es el liderazgo y el crecimiento de la iglesia. El lugar obvio para empezar es con el crecimiento de la iglesia. ¿Cuánto hay de legítimo en hacer esperar el crecimiento de la iglesia local? Si el crecimiento no es muy deseado o trivial, en cualquiera de los dos casos, hay una pequeña esperanza para luchar y así, conducir la iglesia en esa dirección. Esta es la razón de porqué es necesario, al principio, discutir la pregunta: ¿Está creciendo bien la iglesia?

El Movimiento para el Crecimiento de Iglesias, ha confirmado contra todo tipo de duda, que no es sólo un movimiento más de las iglesias, sino que es la voluntad de Dios. Desde la época en que se fundó el movimiento en 1955, Donald McGavran del Seminario Fuller, ha declarado con el incansable verbo de un profeta que Dios quiere que Sus ovejas perdidas, sean encontradas, y traídas dentro del rebaño. Aquellos que han elegido identificarse con el movimiento de McGavran —e incluyo mi persona entre ellos—, han escogido como su punto bíblico de base la Gran Comisión de Jesús de "Id y haced discípulos a todas las naciones" (Mateo 28:19).

Durante los primeros años, prácticamente toda la investigación en crecimiento de iglesia fue dirigida hacia el Tercer Mundo. Mcgavran fundó la Escuela de Misiones de Fuller en Pasadena California en 1965 y más de 400 tesis de graduados y disertaciones producidas desde entonces se han centrado casi exclusivamente en la extensión del Evangelio en Asia, África y América Latina. Fue sólo en 1972 que se iniciaron esfuerzos tentativos para ver si quizás los principios para el crecimiento de iglesias podían ser adaptados a la escena norteamericana.

Varios pastores norteamericanos y ejecutivos denominacionales encontraron en las enseñanzas del Movimiento para el Crecimiento de Iglesias un rico e instructivo material para impartir seminarios en sus iglesias. Todos estos líderes desde entonces comenzaron a impartir los seminarios, los cuales perduran hasta el día de hoy y continúan incrementándose. Lyle E.Schaller, consultante de rangos de parroquias en América, estudiando el panorama religioso de Norteamérica[1] clasificó al Movimiento para el Crecimiento de Iglesias como: "El más influyente desarrollo de los setenta".

Al principio, muchos de los individuos, iglesias locales, y denominaciones que estaban identificados con el crecimiento de la iglesia eran evangélicos. La iglesia del Nazareno, La Iglesia Evangélica del Pacto, Bautistas del Sur de los E.U.A., y los luteranos del Sínodo de Missouri, estaban entre los más entusiastas. Una gran cantidad de literatura acerca del tema ha sido producida. Varios seminarios de distintas denominaciones han empezado a introducir el material de Crecimiento de Iglesia dentro de sus programas de estudios.[2] Hay muchos seminarios que ya tienen este material incluido dentro de sus enseñanzas, y los hacen disponibles en un forma práctica a congregaciones locales. Algunas personas se han convertido en consultores profesionales para el Crecimiento de Iglesia, y están trabajando tanto en niveles denominacionales, como interdenominacionales.[3] Según sabemos, la primera denominación que introdujo en sus enseñanzas estos seminarios ha creado una oficina nacional de Consultoría para el Crecimiento de Iglesia es la Iglesia Evangélica del Pacto; pero otros tienen oficinas distritales y de conferencia similares.

A través de la mitad de los años setenta la mayoría de las denominaciones de primera línea, estaban sospechando mucho, del Movimiento para el Crecimiento de Iglesias. Fueron publicados libros con títulos tales como "El Crecimiento de iglesia no es el punto". Pero conforme la década se acercaba a su fin, el serio decrecimiento de los miembros de las iglesias de primera línea, el cual había empezado en los años sesenta, se volvió atemorizante para varios líderes. Los esfuerzos de última moda para racionalizar el decrecimiento a través de argumentos teológicos sonaron más y más huecos. Un estudio del Concilio Nacional de Iglesias originado por el Seminario Teológico Fuller analizando la publicación "Qué están haciendo las denominaciones de primera línea en la evangelización" reportó que "la gran noticia de las últimas tres décadas es: que el crecimiento de las iglesias se está aproximando. Esta noticia ha estado teniendo un gran impacto en las congregaciones de las denominaciones de primera línea".[4] Esto es citado por Richard G. Hutcheson, Jr., en su penetrante libro, "Iglesias de primera línea y los evangélicos". Parte de la reacción de primera línea al crecimiento de iglesias ha sido un persistente criticismo a través de libros y artículos escritos, por grandes activistas sociales cristianos que perciben como débil, la ética social del Movimiento para el Crecimiento de las Iglesias.[5] Pero Hutcheson dice: "a pesar de la controversia, el Crecimiento de Iglesia aproximado, claramente ha sido ampliamente adoptado por las iglesias de primera línea".[6]

Una de las razones que las iglesias de primera línea dieron para su negativa en aceptar las enseñanzas del crecimiento de las iglesias, fue la vergüenza de admitir que la supervivencia institucional podría ser una prioridad legítima. Tomó largo tiempo para que la rebelde Psicología Social Antiinstitucional de los sesenta se disipara; pero ahora el clima está cambiando.

La Iglesia Unida de Cristo, la cual ha perdido más de 300.000 miembros desde 1965, recientemente publicó en los titulares de su publicación oficial: "Ahora es tiempo para que las iglesias UCC detengan la erosión y planteen metas para el crecimiento".[7]

William Thompson, Secretario Colegiado de la Iglesia Presbiteriana Unida, reportó a la Asamblea General de 1982, que tan sólo el año pasado la iglesia había perdido 46.232 miembros.

El comentario de Thompson fue: "La pérdida de los miembros no puede ser racionalizada aparte... esto es un indicador de nuestro celo tibio en el trabajo del Evangelio, y resalta las debilidades en el reclutamiento e involucramiento significativo de nuevos miembros por los cuales todos nosotros tenemos responsabilidad.[8]

¿Está bien no crecer?

Otra razón por la cual los líderes de primera línea habían abandonado el crecimiento de sus iglesia fue una inocente pero sobreentusiasta arrogancia por parte de algunos partidarios del crecimiento de la iglesia. Yo estuve entre ellos. En los primeros tiempos, decíamos frecuentemente: "Cualquier iglesia puede crecer si quiere crecer". Entonces el lema era: "Cada iglesia debe crecer; si tu iglesia no crece es porque estás fuera de la voluntad de Dios". Pocos maestros del "crecimiento de las iglesia" pueden hacer tales proposiciones devastadoras, alguna que otra vez. Los críticos han sido oídos. Las perspectivas han sido ampliadas. Las actitudes han mellado.

A través del país vemos varias iglesias pequeñas de 200 o menos miembros activos. Se encuentran ellos mismos muy divididos cuando la pregunta de crecer o no crecer se les presenta. Es más difícil para ellos decir sí a tal pregunta que para la mayoría de las iglesias medianas o grandes. ¿Por qué? Es por su sistema de valores. Ellos le han dado un gran valor al hecho de ser una iglesia de una célula única. Carl S. Dudley, quien ha analizado la dinámica de la iglesia pequeña dice: "La experiencia de pertenecer a una congregación pequeña, cumple una necesidad humana básica por un orden social y un ordenamiento metafísico".[9]

Las iglesias que han permanecido pequeñas por algún tiempo, no son simples miniaturas de iglesias grandes. Todas ellas tienen un carácter diferente. La mayor diferencia reposa en las relaciones interpersonales. En una iglesia pequeña no existen extraños. Todos se conocen entre ellos. La situación social es predecible y por lo tanto confortable. Preservar este valor manteniendo el status quo se ha vuelto de alta prioridad en la vida de varios miembros de iglesia.

Carl Dudley señala que este es el mayor obstáculo en el crecimiento de las iglesias pequeñas. La intimidad de una iglesia pequeña no es una casualidad, es una parte de su naturaleza misma. Dudley dice: "El carácter esencial de la iglesia pequeña es esta capacidad de tener cuidado de la gente en forma personal. La iglesia pequeña no puede crecer en el número de miembros sin perder su más preciosa característica, su intimidad".[10]

Algunas iglesias pequeñas pueden tener la voluntad de perder su intimidad y crecer; pero no pueden debido a la situación social. Ellas tienen una enfermedad terminal. Si no es su comunidad cambiando radicalmente o, como es el caso en algunas áreas rurales, está desapareciendo. Un pronóstico realista dirá, que la iglesia va a desaparecer. El potencial de crecimiento es casi cero. Las iglesias con enfermedad terminal, no requieren ser cargadas con más culpa porque no están creciendo; ellas necesitan que se les cuide y recibir mucho asesoramiento. Las enfermedades terminales, a propósito, no están limitadas a las iglesias pequeñas. Ellas pueden hacer desaparecer iglesias medianas, y hasta las grandes, de igual manera.

Otras iglesias están creciendo para mantenerse firmes. Las iglesias que tienen un ministerio primario en una comunidad de extremada alta movilidad, como una localidad donde se ubica un centro de estudios superiores o al lado de una base militar, no crecen fácilmente. No es raro para tales iglesias el ver una reducción de 30% de su membresía anualmente. Esto se compara al porcentaje nacional (E.U.A.) que es alrededor de 7%. Varias de estas iglesias tienen un excelente programa de evangelización externo; ellas están guiando grandes números de no creyentes a Jesucristo e incorporándolos a la iglesia, pero año tras año la iglesia permanece igual.

Estos tres tipos de iglesia (iglesias pequeñas las cuales valoran su naturaleza de célula única, iglesias con enfermedad terminal, e iglesias en áreas de inusual movilización) no deben ser blanco de expectativas de crecimiento. Es reconocido que Dios puede dirigirlos en otras áreas, bendecirlas y usarlas para Su gloria. Si Dios las está guiando, está bien el no crecer.

Este libro no está dirigido a iglesias con pequeño o ningún potencial de crecimiento, particularmente a los dos primeros tipos de iglesia. Hay varios maravillosos y consagrados pastores cristianos, que están por servir a tales iglesias. A causa de sus personalidades, temperamentos, dones espirituales mixtos, condición de salud, o cualquier combinación de las anteriores; ellos nunca serán pastores de crecimiento de iglesia. Quiero dejar bien claro que Dios ama a estos pastores y yo también. No quiero que cosa alguna de este libro sea interpretado como un poner aparte a estos hombres y mujeres de Dios.

Pero hay miles de pastores de iglesias que no crecen y que tienen el potencial para crecer. Los obstáculos en el crecimiento pueden ser identificados y removidos. Este libro está dirigido a tales pastores y a tales iglesias. Si por casualidad algunos remordimientos de culpa por no crecer ocurren aquí y allá, en situaciones donde el potencial de crecimiento existe, no me voy a decepcionar. Hasta voy a sugerir que eso puede ser interpretado como un codazo del mismo Espíritu Santo. ¿Por qué? Porque, con ciertas importantes excepciones como he mencionado, el crecimiento de la iglesia es la voluntad de Dios. Permítanme explicar.

El crecimiento de la iglesia y la voluntad de Dios

La Biblia está a favor del crecimiento de la iglesia. Los teólogos afirman que el propósito central de la venida de Jesús a la tierra fue de morir en la cruz para la redención de la humanidad. La cruz, acompañada de la Resurrección, es el punto central de la historia mundial. Jesús mismo dijo: "El Hijo del Hombre vino a buscar y salvar lo que se había perdido" (Lucas 19:10). ¿Quiénes son los perdidos? Son obviamente la gente en el mundo que aún no han oído y aceptado las buenas nuevas, de que Jesús, en la cruz, murió por sus pecados. Cuando ellos creen esto y reconocen a Jesús como Señor y Salvador, ellos son reconciliados con Dios una vez más y no están más perdidos. Esto está resumido en Juan 3:16 "Porque de tal manera amó Dios al mundo que ha dado a su Hijo unigénito para que todo aquel que en Él crea no se pierda mas tenga vida eterna".

¿Cómo las buenas nuevas de salvación a través de Jesucristo son comunicadas a los perdidos? Jesucristo mismo no lo está haciendo, tampoco lo hará. Él ha escogido delegar esta responsabilidad a sus seguidores. En cierto punto, Él comparó a la gente perdida del mundo con los campos de la cosecha y les encomendó a sus discípulos: "Rogad, pues, que el Señor de la mies envíe obreros a su mies" (Mateo 9:38). Dios es quien hace madurar la mies, tal como el apóstol Pablo lo reconoce en 1 de Corintios 3:6 "Yo planté, Apolos regó; pero el crecimiento lo ha dado Dios". Pero mientras Dios hace madurar la mies, no realiza la cosecha; Él espera usar Sus agentes para cosechar.

Esta es una asombrosa responsabilidad. Jesús dijo a sus discípulos: "A quienes remitiereis los pecados, les son remitidos; y a quienes se los retuviereis les son retenidos" (Juan 20:23). Varios volúmenes en bibliotecas teológicas han sido escritos al respecto; pero una cosa es clara. Si nosotros, seres humanos no llevamos el mensaje del Evangelio a los perdidos, ellos permanecerán perdidos. Como dice Romanos 10:14-15 "...y ¿cómo oirán sin haber quien les predique...¡Cuán hermosos son los pies de los que anuncian la paz, de los que anuncian buenas nuevas".

Es con esto en mente que Jesús dio su último mandato a Sus discípulos. Él vino a la tierra, vivió una vida sin pecado, enseñó a Sus discípulos, fue ejecutado en la cruz, resucitó de entre los muertos, y apareció nuevamente a Sus discípulos durante cuarenta días. Después de esto, la última cosa que dijo antes de ser tomado entre las nubes fue: "Pero recibiréis poder, cuando haya venido sobre vosotros el Espíritu Santo, y me seréis testigos en Jerusalén, en toda Judea, en Samaria, y hasta lo último de la tierra" (Hechos 1:8). Si fallamos en tomar seriamente esta Gran Comisión, habremos perdido el punto central del cristianismo histórico.

Lo que Dios espera de nosotros acerca de completar la Gran Comisión, está más detallado en las palabras de Mateo: "Por tanto, id, y haced discípulos a todas las naciones, bautizándolos en el nombre del Padre, y del Hijo y del Espíritu Santo; enseñándoles que guarden todas las cosas que os he mandado; y he aquí que yo estoy con vosotros todos los días, hasta el fin del mundo. (Mateo 28:19-20). Tres de los verbos que implican acción en esta declaración son participios en el Griego original: *Ir, bautizar*, y *enseñar*. El único imperativo es *hacer discípulos*. Esto es lo que Dios espera de quienes son sus discípulos en el día de hoy: que sean capaces de enseñar y discipular, para que cada persona perdida se convierta en un discípulo de Cristo.

Entonces, ¿cómo es reconocido un discípulo? Obviamente es una persona que se ha vuelto de su vieja manera de vivir y ha reconocido a Jesús como su Señor y Salvador. Pero una afirmación verbal de su fe no es suficiente. Jesús dijo: "Por sus frutos los conoceréis" (Mateo 7:16). Hay varios frutos que nacen en la vida de un verdadero cristiano a través del Espíritu Santo. Sin embargo el fruto que el Movimiento para el Crecimiento de Iglesias ha seleccionado como el criterio válido para el discipulado es una responsable membresía de iglesia. Esta elección quizás puede ser arbitraria; pero no lo es del todo. Jesús, en otro punto de su ministerio anunció el propósito de su venida declarando que "Levantaré mi iglesia" (Mateo 16:18). La iglesia es llamada el Cuerpo de Cristo. Es la novia de Cristo. Está muy cerca del corazón de Dios por tanto es muy amada por Dios. Un compromiso con Cristo es algo incompleto sin un simultáneo compromiso con el Cuerpo de Cristo, la Iglesia.

Evangelizar no es sólo alcanzar gente con el mensaje del Evangelio y llevarlos a una decisión por Cristo, es hacerlos discípulos. Mi definición favorita para la evangelización es una desarrollada por los arzobispos Anglicanos en 1918: "Evangelizar es presentar a Jesucristo en el poder del Espíritu Santo de tal manera que hombres y mujeres pongan su confianza en Dios a través de Él como su Rey, en la comunión de la Iglesia". Esto ata el compromiso con Cristo con el compromiso con la iglesia.

La voluntad de Dios es clara. Él no desea que "...ninguno perezca, sino que todos procedan al arrepentimiento" (2 Pedro 3:9). Él quiere que hombres y mujeres de todas partes vengan a Él y se unan a la iglesia, al cuerpo de Cristo. En resumen, es la voluntad de Dios que las iglesias crezcan.

Un modelo de iglesia en el Nuevo Testamento es la de Jerusalén que fue fundada en el Día de Pentecostés. En aquel día se añadieron 3.000 nuevos miembros al núcleo de 120. Ellos fueron bautizados, crecieron en el conocimiento de la doctrina cristiana, adoraban juntos regularmente, desarrollaron grupos de comunión, compartieron sus bienes materiales los unos con los otros y ejercitaron sus dones espirituales. Como resultado la iglesia continuó creciendo y "el Señor añadía a la iglesia, cada día, los que iban a ser salvos" (Hechos 2:47). Esta era una iglesia saludable. Y una de las características de las iglesias saludables es que éstas crezcan.

¿Y qué acerca del juego de números?

Algunos dicen que "no compran" dentro del crecimiento de iglesia; porque no quieren entrar al "juego de números". Ellos sienten que el crecimiento de la iglesia está superinteresado en estadísticas recogidas, dibujos de gráficos de crecimiento, cálculo de porcentaje de crecimiento por décadas, comparación de la efectividad de una iglesia con la otra, y establecer metas medibles del crecimiento. Muchos se han alterado con esto que ellos han nombrado como "numerología" del crecimiento de la iglesia.

Estuve en una discusión de grupo hace cierto tiempo, y una persona estaba sustentando contra los números. En un punto de la discusión él exclamó: "La Biblia me dice que alimente a las ovejas, no que las cuente". No contesté en ese momento; pero tiempo más tarde estuve leyendo el libro de Phillip Keller "A Shepherd Looks at Psalm 23". Keller es un granjero de ovejas profesional quien también es un sensitivo autor cristiano. Keller tiene mucho y bueno que decir acerca de alimentar las ovejas. Pero él también explica que "es muy esencial para un cuidadoso pastor de ovejas mirar sobre el rebaño cada día, *contarlas* para ver que todas ellas son capaces de estar sobre sus pies".[11] Él habla de qué gran bendición es cuando una oveja tiene *mellizos* en vez de tener un cordero. Yo creo que el contar las ovejas es tan natural y es parte de la vida del pastor. Tal como Jesús dio por sentado que Sus discípulos lo sabían. Es bíblico alimentar las ovejas pero también lo es contarlas.

Dios mismo cuenta mucho. Él tiene contados hasta el número de nuestros cabellos. Cuando un individuo viene a la fe en Cristo Jesús, ese nombre es escrito en el libro de la vida del Cordero. Hasta la más pequeña persona es importante en el cielo y tiene reconocimiento individual. Hay regocijo en el cielo si *un* pecador se arrepiente (Lucas 15:7), así que alguien en lo alto está llevando un registro cuidadoso.

Como lo veo, aquellos que objetan el numerar están tratando de evitar superficialidad en el compromiso cristiano. Estoy de acuerdo con esto. No estoy interesado en los nombres que aparecen en los libros de la iglesia. Ya hay demasiados miembros nominales, inactivos y no residentes en las iglesias en América. No estoy interesado en iglesias que son clubes sociales religiosos. No estoy interesado en decisiones por Cristo totalizadas en gente que levanta las manos o pasa al frente luego de una cruzada. No estoy interesado tampoco en cristianos que profesan su fe en Jesucristo; pero que no lo demuestran en sus vidas. Estos números no son importantes.

Pero estoy muy interesado en hombres y mujeres perdidos que ponen su fe en Cristo y nacen otra vez. Estoy interesado en verdaderos discípulos que toman su cruz diariamente para seguir a Cristo. Estoy interesado en el pueblo del Reino que se relaciona con Cristo como su Señor. Estoy interesado en gente llena del Espíritu que han experimentado el poder del Espíritu y están utilizando sus dones espirituales. Estoy interesado en miembros de iglesia responsables que continúan perseverando “en la doctrina de los apóstoles, en la comunión unos con otros, en el partimiento del pan y en las oraciones” (Hechos 2:42), como lo hacían los creyentes de la Iglesia de Jerusalén.

Cuando los números representan este tipo de personas, es mucho más que un simple “juego de números”. Se convierte en un juego de vida o muerte, un juego de tiempo o eternidad. Los intereses son los más altos del mundo, porque “el que tiene al Hijo tiene la vida; el que no tiene al Hijo de Dios, no tiene la vida” (1 Juan 5:12).

Los miembros de las iglesias no son suficientes

La cantidad no es suficiente sin la correspondiente calidad. Pero la calidad no se explica por sí sola.

A menudo discrepo con la persona que dice "nuestra iglesia está interesada en calidad, no en cantidad". Yo quisiera, en lugar de escuchar a esas personas decir así, oírlas decir: "Estamos interesados en nuestra iglesia en la calidad de los miembros y también en la cantidad". Con la última declaración puedo estar de acuerdo de todo corazón; pero no creo que debemos oponer calidad a cantidad. Podemos y debemos tener ambos.

Hay, al menos, dos materias sustanciales envueltas en una discusión de calidad de iglesia. Una es referida al instrumento de medición y la otra a una posibilidad de un proceso de desgaste psicológico.

Aquí podemos observar a una iglesia que ha crecido vigorosamente. Un pastor del vecindario dice: "Oh sí, y así está creciendo; pero tengo algunas preguntas al respecto. ¿Está él, realmente predicando el *Evangelio*? ¿La red está resultando realmente una *iglesia*?". He oído comentarios como estos en numerosas ocasiones.

Uno de los problemas más serios envueltos en el cuestionamiento de la calidad de una iglesia en particular es ese, dado el estado de la situación, esas preguntas, por naturaleza, deben permanecer sin respuesta. En el presente no tenemos un instrumento de medición que sea aceptado por la persona que hace la pregunta y por la persona a quien se hace la pregunta al respecto. En la actualidad podríamos ser capaces de comparar la calidad de dos iglesias que tienen la misma filosofía de ministerio o comparar la calidad de un año con la del año anterior. Pero aun así estamos muy limitados en lo que podemos hacer.

Cada uno tiene una idea acerca de lo que constituye alta calidad en una iglesia. Las iglesias pentecostales medirán qué porcentaje de sus miembros han sido bautizados en el Espíritu Santo y hablan en lenguas. Los Bautistas del Sur no están de acuerdo, ellos miden la asistencia a la escuela dominical. Los episcopales no están de acuerdo, ellos lo miden en cuántos toman la comunión. Los quakeros tienen otra fórmula, ellos consideran cuántos están en contra de la violencia. Los adventistas del Séptimo Día contabilizan quiénes dan diezmos. Los luteranos toman cerveza y pelean por una pureza doctrinal. Los bautistas fundamentalistas luchan por la pureza doctrinal; pero no toman cerveza. Los presbiterianos creen que la santificación es un proceso sin fin; mientras los nazarenos creen que puede ser repentino y total.[12]

En un intento por traer orden dentro de este cuadro, Richard L. Gorsuch de la Escuela de Psicología del Seminario Fuller y yo, nos hemos unido para trabajar en equipo para desarrollar un apropiado instrumento de medida para la calidad de la iglesia. Necesitamos uno el cual sea aceptado interdenominacionalmente e internacionalmente. Tiene que ser lo suficientemente simple para que un pastor lo pueda usar sin la ayuda de una computadora. Hemos logrado un modesto inicio, pero aún falta mucho por hacer. Los hallazgos de la primera fase fueron publicados en el diario "Leadership" el cual también está colaborando con el esfuerzo.

Un estudio de cientos de pastores nos ha permitido compilar una lista preliminar de factores de calidad medibles en la vida de una congregación en un orden de rango: Los doce factores son:

1. *Conocimiento bíblico*. Los miembros de las iglesias están creciendo espiritualmente basados en las enseñanzas de la Biblia. Ellos pueden integrar esta experiencia

con un sistema teológico que les permita aplicar las enseñanzas de la Biblia a la situación de sus vidas.

2. *Devocionales personales.* Hay muchos miembros de las iglesias dedicando un tiempo diario a la oración, la lectura de la Biblia, la meditación y otros ejercicios espirituales.

3. *Adoración.* Hay una gran actividad de miembros participando regularmente en los servicios de adoración establecidos por la iglesia.

4. *Testificación.* Otros miembros regularmente están intentando compartir su fe en Jesucristo con los no creyentes.

5. *Ministerio laico.* Los laicos de la iglesia participando en ministerios tales como la enseñanza y el discipulado. En algunos casos esto ocurre a través de un descubrimiento a fondo y el desarrollo y uso de sus dones espirituales.

6. *Misiones.* La iglesia está apoyando activamente a las misiones, organiza y sostiene un poderoso programa de reclutamiento, envío y financiamiento de misioneros locales y extranjeros.

7. *Diezmos y ofrendas.* Los miembros brindan una apropiada porción de sus ingresos a la iglesia local y/o otras causas cristianas.

8. *Comunión.* Los miembros crecen en sus relaciones personales entre ellos, a través de una participación regular en los grupos de comunión de la iglesia, de un tipo o de otro.

9. *Estilo de vida distintivo.* Los cristianos generalmente manifiestan su fe en Cristo viviendo un estilo de vida claro y notablemente distinto de los otros no-cristianos que viven en la comunidad.

10. *Actitud hacia la religión.* Los miembros de la iglesia consideran en primer lugar su participación en la iglesia

como un servicio a Dios, y no un medio para satisfacer sus necesidades personales.

11. *Servicio social.* Miembros sirviendo a otros fuera de la congregación. Esto incluye participación personal directa con los pobres y necesitados, o en programas designados para auxiliar a estos grupos.

12. *Justicia social.* De una u otra forma, ya sea a través de la congregación como un todo o a través de una agencia cristiana especializada, los miembros se están esforzando en hacer cambios en las estructuras sociopolíticas que contribuirán a una mayor moral y a una sociedad justa.

Cómo medir cada uno, cómo pesar los resultados, y cómo dar un rango a una iglesia en una escala, digamos, de uno a cien; es el problema en el que estamos trabajando. A lo mejor tomará algunos años el desarrollar un instrumento de medición y probarlo suficientemente. Mientras tanto las preguntas acerca de la calidad de iglesia probablemente permanecerán debatibles.

Algunos pastores usan la cuestión de la calidad como un instrumento para un desgaste psicológico. A pesar de lo que dicen, ellos no están buscando realmente una medición objetiva de la calidad de la iglesia. Lo que ellos están buscando es una propia estima personal.

La imagen propia de la congregación es frecuentemente transferida al pastor. Una pequeña y adormecida iglesia con baja estima personal como congregación adoptará el carácter del pastor. El pastor, naturalmente, necesita afirmación. La afirmación puede venir a través del crecimiento; pero la iglesia no está creciendo como se espera que lo haga. Si la estima personal no puede venir a través del crecimiento (cantidad), ¿Cómo vendrá?

¡A través de la calidad! pero, ¿qué es calidad en tal caso? Es una relación confortable, amorosa, personal y constructiva con la gente de la iglesia. Esto no es algo objetivo o medible, es algo que se siente y se disfruta.

Si la descripción arriba es apropiada, yo espero que algunos pastores que hoy están alzando la bandera de "calidad no cantidad" resistan también intentos de objetivizar y medir la calidad de la iglesia. Hay mucho riesgo de por medio. Supongamos que el crecimiento de la iglesia vino más alto en la escala de la calidad. ¿Qué ocurriría? La estima personal podría tomarlo como una derrota

Si las cuestiones acerca de la calidad de la iglesia surgen desde el objetivo deseado para una medición apropiada, o desde una necesidad subjetiva por una muletilla psicológica, las estamos tomando seriamente. El crecimiento de la iglesia no cree solamente en iglesias sino en iglesias de alta calidad y que puedan brindar gloria a su Gran Pastor, Jesucristo. Las iglesias que crecen lo están haciendo en calidad como también en cantidad.

El mandato cultural es importante

Parte de una iglesia de alta calidad, es el estar participando significativamente en un ministerio con los pobres y oprimidos. La responsabilidad social cristiana no puede caer en la negligencia. Con mucha frecuencia en los últimos años, las iglesias evangélicas, especialmente, han sido negligentes en esta área de su deber.

Como yo veo la misión total de la iglesia, Dios nos ha dado ambos, un mandato evangelístico y un mandato cultural. He discutido el mandato evangelístico previamente sin usar el término cuando mencioné la Gran Comisión de Jesús y nuestra obligación de hacer discípulos a todas las naciones. Salvar almas es el primer paso; pero no es suficiente. El interés por la persona es esencial. Amar a tu prójimo como a ti mismo significa verse envuelto en la salud de la gente, su bienestar y su dignidad como humanos.

Juan el Bautista, Jesús, Pablo y los otros apóstoles predicaron el Reino de Dios. El Reino que ellos predicaron es presente y futuro. Es completo en el futuro, no habrá pecado, enfermedad, pobreza, posesión demoníaca, lágrimas, opresión, o muerte. En el presente, sin embargo, hay una mixtura. Los poderes malignos aún están activos. Satán, como un león rugiente, está buscando a quien devorar. Los cristianos, para quienes Jesús es Rey, son ciudadanos del Reino de Dios y se espera que sus vidas reflejen los valores del Reino de Dios. Además, las iglesias en las que se congregan juntos deben también reflejar el estilo de vida del Reino.

La primera responsabilidad de los cristianos en esta presente era, es traer la mayor cantidad posible de gente dentro del Reino y bajo el señorío de Jesucristo. Esto viene a través de un nuevo nacimiento. Las palabras de Jesús vienen a nosotros claramente: “De cierto, de cierto te digo, que el que no naciere de nuevo no puede ver el Reino de Dios”. Guiar nuevas personas dentro del Reino es un mandato evangelístico.

El mandato cultural es dirigido a ambos, creyentes y no creyentes. No es la voluntad de Dios que la gente sea pobre, oprimida, enferma o poseída de demonios. Pero hay muchos, y los cristianos necesitan estar preocupados de ello. Ellos necesitan tomar una acción orientada hacia el Reino. Este es el mandato cultural, y no es opcional para los que son fieles siervos de Dios.

Como lo veo, el enrolarse en el mandato cultural sucede en dos niveles, los cuales pueden ser llamados, a manera de distinción, el nivel natural y el nivel sobrenatural.

El nivel natural implica el uso de los medios de cada día, tales como recursos económicos, mecanismos de cambio social, ciencia médica, poder político, educación, psicología y otros por el estilo. Es la clase de ministerio que tuvo lugar en el camino de Jericó cuando el Buen Samaritano encontró al hombre que había sido golpeado por los ladrones, lo recogió, lavó sus heridas, lo llevó a una posada, y dejó pagada allí su estancia y comida. Es el tipo de ministerio hacia el cual Dios dirigió a Zaqueo. Dio la mitad de sus bienes a los pobres y devolvió cuatro veces más lo que había estafado a la gente. Es el tipo del cual hablaron los profetas del Antiguo Testamento cuando ellos denunciaron a los gobernantes que favorecían a los ricos y maltrataban a los pobres.

Los cristianos de los Estados Unidos con respecto al cumplimiento de este mandato lo están haciendo, pero no como podría esperarse. Organizaciones tales como *World Vision* (Visión Mundial) *World Relief* (Alivio Mundial), *Voice of Calvary*, y *Evangelicals for Social Action* están ayudando grandemente. La conciencia colectiva por el ministerio social está aumentando. En junio de 1982 se reunió una consultaría de alto nivel en Grand Rapids, Michigan, llamada *Consultation on the Relationship between Evangelism and Social Responsibility* (Consultaría de Relación entre la Evangelización y la Responsabilidad Social), el grupo elaboró una fuerte declaración a favor del incremento en las actividades de ayuda humanitaria, desarrollo y legislación para la justicia.

El segundo, o sobrenatural, nivel para cumplir el mandato cultural envuelve el poder directo del Espíritu Santo para sanidades, liberación, y milagros. Cuando Jesús envió a los doce apóstoles la primera vez, les dio claras direcciones de lo que debían decir y lo que tenían que hacer. Ellos fueron a decir: "El Reino de los Cielos se ha acercado" (Mateo 10:7). Pero las acciones hablan más fuerte que las palabras. Aquí está lo que ellos fueron a hacer: "Sanad enfermos, limpiad leprosos, resucitad muertos, echad fuera demonios..."(Mateo 10:8). Tenga en cuenta que Jesús no esperó que ellos fueran a abrir clínicas o leproserías, los cuales están bien en el nivel natural y deben ser promovidos. No, esto fue algo diferente donde el Espíritu Santo está activado en una forma directa a través de los ciudadanos del Reino de los cielos.

Por varios años pensé que dicha actividad había terminado en la época de los apóstoles, y que en la actualidad estábamos limitados a cumplir el mandato cultural a través de medios naturales. Más recientemente, sin embargo, he hecho un giro de 180 grados. La abundante evidencia bíblica me ha convencido que Jesús es verdaderamente el mismo ayer, hoy y siempre. Ahora tomo literalmente sus palabras: "De cierto, de cierto os digo: El que en mí cree, las obras que yo hago, él las hará también; y aún mayores hará, porque yo voy al Padre" (Juan 14:12). Los pentecostales y los carismáticos han sabido esto por algún tiempo, pero muchos de nosotros quienes no estamos personalmente identificados con alguno de estos movimientos, estamos empezando a entender ahora algo acerca de lo que ellos están hablando. El Seminario Fuller, pioneramente, está estableciendo algunas actividades académicas a este nivel a través del curso empezado por John Wimber en 1982 titulado: "MC510 Señales, milagros y el crecimiento de iglesias".[13] Personalmente me he envuelto en investigar la relación a nivel mundial entre las señales sobrenaturales y milagros y el crecimiento de iglesia, encontrando que el Evangelio se está realmente esparciendo hoy día como en los días de los apóstoles quienes: "saliendo predicaron en todas partes, ayudándoles el Señor y confirmando la Palabra con las señales que la seguían" (Marcos 16:20).

Veinte años de vacilación y decadencia de la iglesia

Uno de los mayores reportes de investigación sobre las iglesias norteamericanas en los años recientes, empieza con las siguientes palabras: "Un período sin precedentes en la vida de la Iglesia Norteamericana empezó a mediados de los años sesenta. Por primera vez desde donde nuestros registros nos permiten citar, varias de las principales denominaciones en la actualidad, han detenido el crecimiento de su membresía, y ésta ha empezado a declinar; y el nivel de crecimiento de las otras se ha vuelto lento en forma considerable".[14]

En los diez años que van de 1965 a 1975 la Iglesia Episcopal perdió 17% de sus miembros 575.000 personas. La Iglesia Presbiteriana Unida perdió 12% o 375.000 miembros. La Iglesia Metodista Unida perdió 10% o 1.100.000 miembros, y así continúan. Mientras esto ocurría algunos de sus líderes estaban proclamando: "La gente está dejando la iglesia. No podría haber una mejor señal".[15] Lo que se esperaba era que quienes dejaban la iglesia fueran los cristianos de baja calidad y que pronto las iglesias se establecerían como el ejército de Gedeón y volverían a crecer nuevamente. Pero lo que funcionó en Madián no funcionó en Minneapolis. La decadencia ha continuado y varios líderes ya no creen que es una buena señal del todo.

Analizar las razones del declinamiento no es una tarea fácil. Algunos investigadores argumentan que los factores contextuales son la causa principal. Los factores contextuales incluyen cambios demográficos, fluctuaciones socioeconómicas, y cambios graduales en los modelos culturales norteamericanos.[16] Mientras los factores contextuales son ciertamente importantes, mi conclusión personal es que probablemente los factores institucionales sean mucho más importantes. Los factores institucionales son aquellos que pueden ser controlados por las iglesias mismas. Son tanto locales como nacionales. Los factores institucionales *locales* pueden ser controlados por congregaciones individuales y el fin principal de este libro —liderazgo y crecimiento de iglesias—, trata con ello. Los factores institucionales *nacionales* tienen que ver con políticas establecidas por las agencias denominacionales las cuales afectan a todas las iglesias de su jurisdicción.

La principal razón para inclinarse hacia los factores institucionales como la principal causa de la decadencia de las iglesias de primera línea es el hecho de que en el mismo país al mismo tiempo (en otras palabras, sosteniendo factores contextuales constantes) varias denominaciones evangélicas estuvieron creciendo vigorosamente. En el período de 1965 a 1975 cuando los metodistas *perdieron* más de un millón de miembros, los bautistas del sur *ganaron* más de un millón de miembros. La Iglesia de Dios (Cleveland) ganó 67%, las Asambleas de Dios ganaron 33% y la Iglesia del Nazareno ganó 29%. Yo veo dos factores institucionales principales los cuales ayudan a explicar el fenómeno:

Primero, el legado de la teología liberal. Empezando con el surgimiento del movimiento del evangelio social hacia el final del siglo pasado, las principales denominaciones abrazaron, en un grado u otro, una teología liberal. La teología liberal tiende inevitablemente a apagar el filo cortante de la evangelización y la fundación de iglesias. Al menos un estudio denominacional de decrecimiento de membresía indicó que sus pérdidas no provinieron tanto de miembros que decidieron dejar la denominación, más que de la falla de ganar nueva gente para Cristo y fundar iglesias.[17] Al menos otros tres estudios, todos hechos por miembros de denominaciones principales, han demostrado una correlación negativa de liberalismo con crecimiento de membresía y una positiva correlación de teología conservadora.[18]

Segundo, cambios prioritarios en las burocracias denominacionales. Cambiar prioridades es, generalmente hablando, un resultado de la teología liberal. Mientras, reconocemos que la misión de la iglesia incluye dos aspectos, el mandato cultural y el mandato evangelístico; los cristianos tradicionales norteamericanos virtualmente le han dado prioridad en todas las denominaciones al mandato evangelístico. Pero, a través de los años, el liberalismo ha tendido a reducir la urgencia de la evangelización en algunos casos cuestionando si los musulmanes, por ejemplo, deben ser realmente persuadidos a volverse discípulos de Jesucristo. El presbiteriano Richard G. Hutcheson Jr. ve el asunto vívidamente. Él señala que mientras los evangélicos han sido siempre claros con lo que significa la evangelización, los liberales han intentado por años producir definiciones alternativas que identifiquen la evangelización con el ganar almas. Hutcheson dice. "Los liberales reconocen muy bien que los evangélicos saben exactamente lo que significa su nombre, porque realizan la acción de evangelizar y los liberales lo que han tratado de hacer es limitar el significado de ese nombre o anularlo".[19]

La tendencia ha sido construida por décadas, pero viene a la cabeza en la tumultuosa década de los sesenta. Presiones sociales se levantan del movimiento de derechos civiles, el movimiento antiguerra, el movimiento contracultural *hippie*, el movimiento de la muerte de Dios, y la nueva moral influenció varias denominaciones de primera línea para priorizar el mandato cultural sobre el mandato evangelístico. Uno de los inevitables resultados fue el período de 20 años de decadencia de la iglesia. Las denominaciones evangélicas no establecen prioridades a causa de que su fuerte base teológica conservadora no les permite hacerlo.

Mi propia percepción es que las tendencias se están empezando a mover en la otra dirección. Yo estoy falto de evidencia empírica para esto, y confieso que por eso mis propias esperanzas han sido interpretadas como realidades. Pero mi corazón está por el crecimiento de la iglesia, no por la decadencia de ella. Me encantaría ver la membresía declinar en las denominaciones principales para desde el fondo empezar súbitamente a subir. Temo que ellos no lo harán a menos y hasta que el mandato evangelístico sea restaurado a su posición bíblica de prioridad urgente. No estoy sugiriendo una reducción del ministerio social, simplemente un incremento de la evangelización ganadora de almas y una nueva fundación de iglesias. Los hombres fuertes liberales pelearán contra esto, pero ellos no necesariamente prevalecerán.

Los signos vitales de una iglesia saludable

Si los factores son tan importantes como pienso ellos están en el crecimiento de las iglesias, será muy útil identificar algunos de ellos específicamente. Hace algunos años presenté una lista de los que llamé los siete signos vitales de una iglesia saludable derivado de mis estudios en iglesias en crecimiento en los Estados Unidos. Fueron publicados en un libro llamado "Tu iglesia puede crecer" (Your Church Can Grow). Los siete signos han sido sometidos a un cuidadoso escrutinio. Ellos han sido citados en varios libros, artículos y trabajos, y al menos cuatro pruebas de computación básica han sido elaborados basados en ellos. El más accesible de los estudios es un libro titulado "Turning the Tide" por el pastor Paul Beasley-Murray y el profesor Alan Wilkinson, publicado en 1981 por la Sociedad Bíblica Británica en Londres. Examina los signos vitales de las Iglesias Bautistas Británicas con membresía sobre las 50 personas. Las otras son tesis de graduados no publicadas.

Por ejemplo, los siete signos vitales se han mantenido y han sido hallados útiles por varios líderes de iglesias. En realidad, ninguno ha sido contradicho, aunque han sido presentadas pruebas contra uno o dos pero sin un resultado positivo. Quizás un breve sumario y actualización de los signos vitales ayudará a establecer el contexto que sigue en este libro.

1. *Un pastor quien es un pensador de posibilidades y cuyo liderazgo dinámico ha sido usado para catalizar la iglesia entera dentro de una acción para el crecimiento.* El resto de este libro es una elaboración de este primer signo vital. A través de los años su importancia ha sido reforzada mediante una "realimentación" dada por la experiencia en este campo más que cualquiera de las otras. Sólo una voz significativa lo ha cuestionado, y es un líder de iglesia al que yo personalmente admiro, Lyle E. Schaller. Schaller dice que él no se ve a sí mismo como parte del Movimiento para el Crecimiento de la Iglesia, pero "No tengo dificultades con 97% de lo que dicen". Aparentemente parte de ese otro 3% es el rol del pastor. "Pienso que el Movimiento para el Crecimiento de la Iglesia exagera la importancia del ministro en términos de crecimiento de iglesia".[20]

Esto me sorprende porque mi investigación me ha conducido exactamente en la dirección opuesta, y los siguientes dos capítulos explicarán mi punto de vista. Las conclusiones de Beasley-Murray y Wilkinson "ampliamente sostienen la premisa de Wagner de que el pastor debe ser un pensador de posibilidades y un dinámico líder para el crecimiento".[21]

2. *Un buen movimiento de laicos el cual ha descubierto, ha desarrollado, y está usando todos los dones espirituales para el crecimiento.* Mientras afirman la importancia del liderazgo pastoral, Beasley-Murray y Wilkinson continúan y dicen que quizás es hasta más importante que el pastor de una iglesia en crecimiento "debe tener la buena voluntad o habilidad de delegar o compartir sus responsabilidades con los miembros de su comunidad. Hay una independencia fructífera la cual ninguna de las dos partes puede clamar para sí misma".[22] Estoy completamente de acuerdo. Esa es la razón por la que he dirigido este libro a los ministros y el laicado. En "Su iglesia puede crecer" yo acentúo el valor de los dones espirituales por el involucramiento laico, y volveré a presentar esto nuevamente conforme vayamos avanzando. Pero mi investigación tiene descubierta mucha más información en la importancia del seguimiento laico y voy a necesitar desarrollar esto de forma detallada en capítulos posteriores.

3. *Una iglesia lo suficientemente grande para proveer el alcance de los servicios que cumplirán las necesidades y expectaciones de sus miembros.* Yo estoy bajo constante presión para que declare un número óptimo de miembros para el tamaño de una iglesia. Yo no puedo hacer esto, porque el tamaño óptimo de cualquier iglesia depende de su propia filosofía de ministerio. No creo que cada iglesia necesite ser una iglesia grande, o que mientras más grande es mejor. Pero sí creo que los líderes de la iglesia, bajo Dios, necesitan hacer conscientes e inteligentes decisiones para el tamaño que Dios quiere que ellos sean y hacer los planes de acuerdo a ello, es mucho más claro para mí ahora de lo que fue algunos años atrás, cómo se hace ese tipo de planificación. Posteriormente incluiré una sección sustancial de lo que significa "filosofía de ministerio" y como puede desarrollar una para su iglesia.

4. *El apropiado equilibrio de la dinámica relación entre celebración, congregación y célula.* De todos los signos vitales, yo pienso que éste necesita la mayor actualización porque ha sido sobregeneralizado. La formación de grupos dinámicos de comunión dentro de la iglesia es un factor de crecimiento clave; pero existen varias formas de hacerlo. Lo que funciona en una iglesia puede no ser funcional en otra. Planeo profundizar en esto cuando revise mi libro "Su iglesia puede crecer".

5. *Una membresía bosquejada primariamente desde una unidad homogénea.* A través de los años el principio de unidad homogénea ha continuado siendo, ampliamente, el más controversial de todos los principios de crecimiento de iglesia. Muchos estuvieron preocupados de que esto pudiera producir iglesias racistas y segregacionistas. Esto no ha sucedido, sin embargo, la oposición ha disminuido notablemente en los últimos dos años. Una razón para esto ha sido que los líderes de las iglesias de primera línea, quienes estuvieron entre los más críticos, se dieron cuenta de que si ellos iban a evangelizar a los Estados Unidos étnicos, ellos tenían que promover y fortalecer las iglesias de la minoría étnica. Una de las mayores afirmaciones de primera línea del principio de unidad homogénea apareció en una publicación oficial de la Iglesia Metodista Unida llamada: "Into Our Third Century" editado por Ezra Earl Jones. En su contribución a las series "Shaping the Congregation" (Abingdon Press, 1981), el líder metodista Robert L. Wilson describe las enseñanzas del Movimiento para el Crecimiento de la Iglesia. Él admite entonces que "la membresía de una típica congregación protestante será caracterizada por un alto grado de homogeneidad", determinado, entre otras cosas, por "un número de características sociales tales como educación, ingresos, nivel cultural, y estilo de vida; factores que tienden a ser asociados con la clase

social". Mientras esta es una verdad patente, Wilson observa que "los líderes de la iglesia, particularmente los ministros, encuentran esto muy incómodo". Sin embargo, Wilson avanza en ilustrar cuán cerca, iglesias de la misma denominación; pero de diferentes unidades homogéneas, están al convertirse en grupos vitales y con significado, no inclinados del todo a converger.[23] Como los Estados Unidos se dirige a términos con pluralismo cultural y se ve libre del horno de fundición de la psicología social, puedo prever un notable enfriamiento del debate del principio de la unidad homogénea.

6. *Métodos evangelísticos que han demostradoque son efectivos para hacer discípulos.* Este signo vital es una trivialidad. Si una iglesia está creciendo es, por definición, atrayendo nuevos miembros. Deben realizarse estudios, sin embargo, para determinar qué porcentaje de los nuevos miembros vienen de un crecimiento biológico (hijos de familias que ya pertenecen a la iglesia), crecimiento transferido (atrayendo a quienes ya son cristianos), o crecimiento por conversión (alcanzando a quienes están fuera de la iglesia). Mientras el crecimiento biológico requiere la evangelización interna, sólo el crecimiento por conversión requiere evangelización externa. Es en este punto que al seleccionar el método evangelístico correcto se hará toda la diferencia. A pesar de alguna propaganda contraria, no existe un solo programa evangelístico que sea aplicable a todas las iglesias, así que un importante ingrediente en planificar para el crecimiento de la iglesia es una inteligente elección de una metodología que se ajuste a su iglesia en particular.

7. *Prioridades dispuestas en un orden bíblico.* Cuando discutí la relación del mandato evangelístico con el mandato cultural, en las páginas anteriores, estuve tratando con este signo vital. Este es también el tema principal de

un reciente libro mío, "Church Growth and the Whole Gospel" (Harper & Row Publishers, 1981)

Mientras los otros signos de la iglesia saludable serán mencionados aquí y allá en este transcurso, la dirección principal de este libro es elaborar en los dos primeros: Las formas en que el pastor y la gente trabajan juntos para guiar su iglesia al crecimiento.

NOTAS

1. Lyle E. Schaller en el prefacio a Donald McGavran y George G. Hunter III, *Church Growth Strategies That Work* (Nashville: Abingdon Press, 1980), p. 7.

2. Un centro clave a nivel profesional para el entrenamiento de crecimiento de iglesia es el programa para Doctor en Ministerio del Seminario Fuller, este programa acepta de 120-150 pastores anualmente en el curso primero de crecimiento de iglesia. Para más información escribir a: Fuller Seminary, 135 N. Oakland Avenue, Pasadena, CA. 91101.

3. Entrenamiento a nivel profesional para la asesoria en crecimiento de iglesia es ofrecido por Charles E. Fuller Institute of Evangelism and Chrurch Growth, Box 91990, Pasadena, CA. 91109-1990.

4. Alfred C. Krass, "What the Mainline Denomination Are Doing in Evangelism," *Christian Century,* mayo 2, 1979, p. 49.

5. Yo intenté guiar este tema por estos críticos en *Church Growth and the Whole Gospel* (San Francisco: Harper & Row Publishers, 1981).

6. Richard C. Hutcheson, Jr., *Mainline Churches and the Evangelicals* (Atlanta: John Knox Press, 1981), p. 122.

7. Robert L. Burt, "Our Churches Will Grow," *A.D. United Church of Christ,* septiembre 1982, p. 20.

8. J. Martin Bailey, "How Your Church Can Grow", *A.D. United Presbyterian,* septiembre 1982, p. 19.

9. Carl S. Dudley, *Making the Small Church Effective* (Nashville: Abingdon Press, 1978), p. 38.

10. Ibid., p. 49.

11. Phillip Keller, *A Shepherd Looks at Psalm 23* (Grand Rapids: Zondervan Publishing House, 1970), p. 60.

12. Ver C. Peter Wagner y Richard L. Gorsuch, "The Quality Church", *Leadership,* invierno 1983, p. 28.

13. Para detalles e información sobre este curso ver *Signs and Wonders Today,* un estudio guía disponible a $4.95 más $1.00 de gastos de envío de *Christian Life*, 396 E. St. Charles Rd., Wheaton, IL. 60187.

14. Dean R. Hoge y David A. Roozen, eds,m *Understanding Church Growth and Decline 1950-1978* (New York: Pilgrim Press, 1979), p. 17.

15. Robert K. Hudnut, *Church Growth Is Not the Point* (New York: Harper & Row Publishers, 1975), p. xi.

16. Ver, por ejemplo, Dean R. Hoge, "A Test of Denominational Growth and Decline", *Understanding Church Growth and Decline,* Hoge and Roozen, eds., pp. 196-197.

17. Warren J. Hartman, *Membership Trends: A Study of Decline and Growth in the United Methodist Church 1949-1975* (Nashville: Discipleship Resources, 1976).

18. Dean M. Kelly, *Why Conservative Churches Are Growing* (Bew York: Harper & Row Publishers), 1972; Hoge, "A Test of Theories", p 191; y William J. McKinney, Jr. "Performance of United Church of Christ Congregations in Massachusetts and Pennsylvania", *Understanding Church Growth and Decline,* Hoge and Roozen, eds., p. 241.

19. Hutcheson,Mainline Churches, p. 117.

20. "The Changing Focus of Church Finances", entrevista con Lyle E. Schaller, *Leadership,* primavera 1981, pp. 23-24.

21. Paul Beasley-Murray y Alan Wilkinson, *Turning the Tide: An Assessment of Baptist Church Growth in England* (London: Bible Society, 1981), p. 38.

22. Ibid.

23. Robert L. Wilson, *Shaping the Congregation* (Nashville: Abingdon Press, 1981), pp. 52-55.

2

El crecimiento de la iglesia no es barato

Una cosa es estar convencido de que el crecimiento de la iglesia es correcto y otra es qué ocurre en realidad. El crecimiento de la iglesia no es automático, usualmente, se va haciendo. El propósito principal de este libro es ayudarle, como líder de la iglesia, a entender lo más detalladamente posible, que es lo que tiene qué hacer exactamente si su iglesia va a crecer en todo su potencial.

Verdaderamente, hay algunas situaciones extrañas donde la mies se encuentra tan madura que no importa lo que pase, la iglesia crecerá. Pareciera que los pastores de dichas iglesias rompieran todas las reglas, ignoran los principios de crecimiento de iglesia, y aún vemos sus iglesias abarrotadas. No conozco muchos de tales pastores porque típicamente, ellos no se presentan a mis seminarios sobre crecimiento de iglesias. No los culpo. En vez de esperar que ellos vengan a mí, trato de ir a ellos lo más posible. Si sus iglesias están creciendo, algunos principios del crecimiento de iglesias deben estar funcionando, y es a través de los pastores, quienes hacen las cosas correctas por intuición en circunstancias favorables, que varios nuevos principios de crecimiento de iglesias son descubiertos.

Hay una diferencia entre los pastores que toman los cursos de crecimiento de las iglesias y los pastores de iglesias que crecen. Crecimiento de iglesias es un término técnico que describe a un bien definido campo de estudio. El término fue acuñado por Donald A. McGavran en los años cincuenta cuando él era misionero en la India. Él estableció el Instituto de Crecimiento de Iglesia en 1961 en Eugene, Oregón, luego lo llevó a Pasadena, California, en 1965 donde fundó la Escuela de Misiones del Seminario Fuller e Instituto de Crecimiento de Iglesia. Allí él escribió el libro estándar en el campo, Understanding Church Growth (Wm. B. Eerdmans Publishing Co.), publicado por primera vez en 1970 y revisado en 1980. Lo que se conoce ahora es que el Movimiento de Crecimiento de Iglesia se desarrolló desde allí con sus libros, periódicos, programas académicos, películas, servicios de asesoramiento, seminarios y talleres, agencias de mercadeo, y planes de acción. Pero el blanco del Movimiento del Crecimiento de la Iglesia va más allá de todas estas cosas, a pastores y líderes laicos de las iglesias locales. ¿Por qué? Simplemente porque es donde el crecimiento de la iglesia tiene lugar.

Los pastores que encuentran la intervención del crecimiento de iglesia más útil son aquellos cuyas iglesias no están creciendo bien y quienes necesitan alguna asistencia para salir del punto muerto. Unidos a ellos hay algunos pastores de iglesias que están creciendo pero quienes quieren estar seguros de que alguna barrera de crecimiento no los sorprenderá en pleno trayecto y les hará perder el momento de crecimiento. Un sustancial número de esos líderes han estudiado los principios de crecimiento de iglesia y los han aplicado a las situaciones de sus propias congregaciones locales. Varias de sus iglesias han crecido y yo tengo grandes archivos de cartas y testimonios de esos pastores de crecimiento de iglesia. Otras iglesias, estoy dolorosamente enterado, no han crecido ni siquiera con los principios de crecimiento de iglesia. El crecimiento de las iglesias no es una fórmula mágica que puede producir crecimiento en cualquier iglesia en cualquier momento. Es tan sólo una colección de ideas de sentido común que al parecer se ajustan bien con los principios bíblicos que son enfocados al intentar cumplir la Gran Comisión más efectivamente. Los principios —estoy contento de informarlo—, son usualmente útiles.

Recientemente no podía ni siquiera adivinar cuántos principios de crecimiento de iglesia han sido empleados en el campo. Pero un estudio reciente por John Vaughan sugiere que son 146. Donald McGavran, calcula, ha articulado 67, Peter Wagner 51, y Win Arn 28.[1] En el estudio mismo, Vaughan enumera y elabora 49 de los principios. Cuán exactas son estas cifras es algo que realmente no lo sé, pero ninguno que yo sepa las ha desafiado.

Cualquiera que sea el número estoy seguro de una cosa. Cada principio de crecimiento de iglesias tiene excepciones. Algunos líderes de iglesias están muy acostumbrados a pensar en categorías de verdadero-falso o correcto-incorrecto en las que ellos, erróneamente, enmarcan los principios de crecimiento de iglesia. Esta es una razón por la cual el principio de unidad homogénea, por ejemplo, ha ofendido a muchas personas. Ellos tienen entendido que los líderes de crecimiento de iglesias han dicho que iglesias homogéneas son la verdadera y correcta forma de las iglesias para crecer, cuando ellos no han dicho esto de forma alguna. Ellos simplemente han estado describiendo el hecho de que, en todo el mundo, la mayoría de los hombres y las mujeres que no asisten a la iglesia son primeramente atraídos a Cristo oyendo el Evangelio de aquellos que hablan como ellos, piensan como ellos, y actúan como ellos. Aparentemente Dios ha estado usando esos canales culturalmente relevantes de comunicación para la proclamación del Evangelio por siglos, tan sólo como un asunto histórico. McGavran llama a dichos canales "los puentes de Dios". Pero él nunca sugirió que una iglesia debe mantenerse homogénea como un asunto de doctrina o de ética. Su ideal y el mío es una iglesia donde las líneas de clase, raza y lenguaje estén rotas.

¿Existen excepciones al principio de unidad homogénea? Por supuesto que existen. ¿Existen excepciones a los siete signos vitales de una iglesia? Ciertamente.

Pero mientras cada regla tiene sus excepciones, algunas reglas tienen obviamente menos excepciones que otras. Los dos principios de crecimiento de iglesia con los que este libro trata principalmente, están entre aquellos que tienen relativamente pocas excepciones. Ellos son:

Primero, el pastor debe querer que la iglesia crezca y debe estar dispuesto a pagar el precio.

Segundo, la gente debe querer que la iglesia crezca y debe estar dispuesta a pagar el precio.

¿No quieren todos los pastores que sus iglesias crezcan? Como extrañamente se puede ver la respuesta es no. Un estudio a nivel nacional hecho por Larry Richards pocos años atrás. Una computadora seleccionó al azar 5.000 pastores de entre las líneas denominacionales. A ellos les fue solicitado el priorizar "las más grandes necesidades en fortalecer la vida y programas de su iglesia". Richards reporta lo que él considera un resultado sorprendente: menos de la mitad de los pastores dieron alta prioridad a "planificar e implementar el crecimiento de la iglesia".[2] En vez de crecer, sus prioridades fueron centradas en mantenimiento. Varios pastores sienten que acomodar más a los miembros existentes de la iglesia es más importante que alcanzar a los perdidos para Jesucristo.

También sospecho que varios pastores no quieren que sus iglesias crezcan porque no están dispuestos a pagar el precio. El crecimiento de la iglesia no es barato. Esto requiere frecuentemente cambios en el status quo que son extremadamente incómodos para los pastores, y como resultado le es dado una prioridad baja.

¿No todos los miembros de las congregaciones norteamericanas quieren que sus iglesias crezcan? La respuesta es nuevamente no. Cuando la Iglesia Presbiteriana Unida empezó a preocuparse acerca de su pérdida de membresía hace unos pocos años, la Asamblea General comisionó una "Fuerza especial de tarea en tendencias de membresía de Iglesia". En su reporte, el director de este grupo especial, C. Edward Brubaker, dijo: "Un tema que realmente nos ha hecho mirar fijamente hacia nosotros mismos es que, los Presbiterianos Unidos no hemos crecido porque justamente no nos importa crecer". Como es el caso con varios pastores, la gente también da baja prioridad a alcanzar a los perdidos. El reporte de Brubaker dice: "Cuando preguntamos a las iglesias acerca de 21 aspectos diferentes en su programa, la evangelización quedó al final de la lista en importancia y tiempo recibido dentro del programa de la iglesia".[3]

¿Por qué no quiere la gente que sus iglesias crezcan? Ellos se sienten muy cómodos en la forma en que se encuentran. Hay algunos precios especiales que el laicado debe pagar por el crecimiento de su iglesia, y varios, simplemente, no están dispuestos a pagar esos costos.

Cuando ambos —el pastor y la congregación—, quieren que su iglesia crezca y están dispuestos a pagar el precio, el orden es significante. Con pocas excepciones, el pastor debe ser motivado para el crecimiento primero, y luego la gente. Sólo en muy raras ocasiones la gente se verá motivada antes que el pastor, y entonces lo animarán a que juntos busquen el crecimiento.

Hace algunos años daba asesoramiento de campo con el Instituto Fuller de Evangelización y Crecimiento de Iglesia. Un día recibí la llamada de un hombre que se identificó asimismo como un metodista unido, ejecutivo de seguros. Puedo decir por su voz que era un hombre anciano. Él dijo: "Yo entiendo que su gente puede ayudar a iglesias enfermas". Le dije que nosotros podemos ayudar a algunas, pero no a otras. "He sido miembro de mi iglesia por veinte años", dijo. "Amo a mi iglesia; pero está muriendo. Si tú puedes ayudar a mi iglesia ,¡te pagaré lo que quieras!" Puedo decir que él estaba desesperado, así que lo alenté a que hablásemos de su iglesia. Él planeó su sueño para el futuro. Parecía bien. Entonces le pregunté acerca de lo que pensaba el pastor sobre este sueño. "Ese puede ser el problema —dijo—, el pastor no está de acuerdo conmigo". Le expliqué que ese era un problema serio, y que a menos que el pastor cambiara su forma de pensar o que ellos consiguieran otro pastor no había forma, que yo supiera, de ayudar a la iglesia.

Si el precio del crecimiento es frecuentemente muy alto ya sea para el pastor o para la congregación, es necesario entender qué es lo que el costo involucra exactamente. Vamos a mirar a ambos lados, uno a la vez.

El precio del crecimiento para el pastor

Voy a sugerir cinco precios especiales que un pastor de crecimiento de iglesia debe pagar para guiar su iglesia al crecimiento. Siento que es bueno plantear éstos honestamente. En cada uno de los puntos he visto pastores volverse atrás y alejarse del crecimiento. Jesús dijo: "Porque, ¿Quién de vosotros, queriendo edificar una torre, no se sienta primero y calcula los gastos, a ver si tiene o no lo que necesita para acabarla?" (Lucas 14:28). Debido a que el crecimiento de la iglesia no es barato, los pastores deben preguntarse a sí mismos, antes de hacer planes para crecer: "¿Estoy dispuesto a pagar el precio?"

Asumiendo la responsabilidad para el crecimiento

No cometa errores en esto. La mayor parte del crecimiento de iglesia empieza con el pastor. Estoy de acuerdo con Dewayne Davenport quien dice: "Si lo llamamos por nombre la clave del crecimiento de iglesia será el liderazgo".[4] Esta es una responsabilidad sorprendente, y es una de las cuales los pastores están tímidamente alejados. Hay tres razones principales por las que hay pastores que no están dispuestos a pagar este precio.

La primera es, que asumir la responsabilidad por el crecimiento envuelve un riesgo sustancial, el riesgo de fallar. Me he dado cuenta de que hay varios pastores que quieren a alguien al lado de ellos para ser responsables por el crecimiento de la iglesia. Ellos pueden decir que: "la congregación es responsable" o "los diáconos son responsables" o "los ancianos son responsables" o hasta "Dios es responsable". Algunos irán tan lejos como hasta discutir desde el punto de vista teológico y convencerse a sí mismos que hay una virtud cristiana en no asumir responsabilidad por el crecimiento.

El temor de fallar es un obstáculo psicológico tremendo para algunos pastores. Su temperamento es tal que el tomar el liderazgo para el crecimiento es un precio demasiado alto para pagar. Me atrevo a decir que no hay nada malo con esto. Dios nos ha hecho a todos con diferentes personalidades y temperamentos. Si un pastor no puede afrontar el crecimiento de una iglesia, estaría bien decidir ser una iglesia pequeña, entonces debe lograr una iglesia pequeña pero confortable, y mantenerse en ese nivel atendiendo bien a los miembros. Algunas iglesias tienen poco o ningún potencial de crecimiento, ellas están manteniendo misiones. Hay, pues, necesidad de pastores que estén dispuestos a pastorear tales iglesias con satisfacción, y no con un constante sentimiento de frustración porque su iglesia no está creciendo vigorosamente como otras.

La segunda razón por la que varios pastores no están dispuestos a asumir la responsabilidad para el crecimiento es porque ellos no han sido preparados para tal rol en el seminario. En los hechos, mucho del entrenamiento del seminario, particularmente a través de los sesenta y setenta y hasta hoy en día, ha acentuado exactamente lo opuesto. Los pastores son enseñados a ser capacitadores en vez de líderes. Un énfasis revivido con los laicos de la iglesia como miembros del cuerpo de Cristo ha causado que el péndulo se balancee muy lejos en la otra dirección. El pastor es enseñado a ser miembro del Cuerpo y no a ser líder del Cuerpo. Ted Engstrom dice: "Todos los líderes fuertes son así porque son capaces de identificarse bien con la gente; pero no a ser 'uno de los niños'. Un líder tiene que estar listo para caminar lejos del grupo y estar solo".[5] Esto no ha sido acentuado en el reciente entrenamiento ministerial. En el siguiente capítulo voy a discutir con mucho más detalle y sugerir alternativas del modelo capacitador para el pastor.

A causa de que el entrenamiento de seminario ha sido deficiente en esta área, varios pastores no saben cómo asumir el liderazgo en sus congregaciones, aunque ellos quisieran hacerlo. Afortunadamente más cursos en desarrollo de liderazgo y administración organizacional están siendo introducidos en los programas de los seminarios, y las oportunidades de educación continua están incrementando su disponibilidad.[6] Recomiendo que esos pastores que intentan conducir sus iglesias en crecimiento tomen ventaja de estas ofertas.

Una tercera razón por la cual hay pastores que no están dispuestos a asumir responsabilidad por el crecimiento, es porque ellos no están seguros del llamado de Dios. Esto es una terrible desventaja para una persona dedicada al servicio a Dios. Si un pastor no está seguro de su llamado, ni está seguro de estar en la iglesia que Dios quiere, la motivación para pagar el precio es muy baja. John Wimber investigó recientemente en iglesias de más de 200 miembros creciendo al cien por ciento por década o más. Entre sus descubrimientos encontramos lo siguiente: "Primero, los pastores estaban seguros del llamado de Dios a ser pastores. Segundo, encontramos que ellos estaban seguros que fueron llamados a su lugar de ministerio"[7]. Los pastores de crecimiento de iglesia tienen muy poca duda de que Dios los ha ubicado en esa iglesia en particular y que permanecerán allí por largo tiempo. Ellos no están buscando Iglesias que le den más ganancias materiales.

No sólo ellos están seguros de que Dios los ha llamado a una iglesia en particular, sino que están seguros de que Dios los ha llamado a ser su líder. Una de las iglesias de crecimiento más rápido en el sur de California es la Iglesia Comunitaria del Valle de Saddleback, una Iglesia Bautista del Sur en Laguna Hills. Su pastor, Rick Warren, es un pastor de crecimiento de iglesia. Ellos celebraron su tercer aniversario el Domingo de Resurrección, en 1983, con 1000 personas presentes. Su meta de crecimiento anunciada es de 20.000 miembros para el año 2,020. Esta meta es independiente a otra de abrir una nueva iglesia cada año. De hecho, ellos han empezado tres nuevas iglesias en tres años. Una de las cualidades de Warren es una seguridad en su llamado. Estoy impresionado con el membrete de sus cartas. A través del encabezamiento en gruesas letras están las palabras: "Richard Warren, Pastor". El nombre de la iglesia está en letras pequeñas al pie de la página. Le mostré la carta membretada a otro pastor amigo mío quien exclamó: "¡Este va en contra de la semilla de todo cuanto aprendí en el seminario!" Él dijo que le fue enseñado que la institución es lo que contaba más y que la iglesia debía haber sido puesta en la parte principal del membrete con el nombre del pastor en letras pequeñas. Esto ofendió su sentido de modestia pastoral.

Es fácil de comprender el sentimiento de mi amigo. Finalmente, el Cuerpo de Cristo es lo más importante, y esto es entendido por quienes son cristianos bíblicos y sirven al Señor. Pero el membrete de Warren no está diseñado para impresionar a los cristianos, está dirigido hacia los no cristianos, los 20.000 que él espera ganar para Cristo en los próximos treinta o cuarenta años, no son cristianos sino inconversos. Un estudio interesante fue hecho recientemente en Georgia. Este estudio preguntaba a la gente que no asiste a la iglesia acerca de cuál sería la cosa que más los alentaría a seleccionar una iglesia en particular. El factor que más los alentaría sería: el pastor. El pastor era sustancialmente más importante para aquellos no creyentes que la denominación, las facilidades, la amistad, el programa de la iglesia, la doctrina, y hasta que si tuvieran amigos que asisten ahí. Rick Warren sabe esto y también sabe que Dios lo ha llamado a construir una gran iglesia. Él mismo es una persona modesta, pero él también está dispuesto a asumir responsabilidad por el crecimiento de su iglesia.

Trabajando duro

El segundo precio que los pastores deben pagar si ellos van a guiar su iglesia al crecimiento es el trabajo duro. Vamos a enfrentarlo. No es un trabajo fácil el conducir a una iglesia que está creciendo. Algunos meses atrás, mientras estaba finalizando un seminario de dos semanas, uno de los pastores levantó sus manos y dijo: "Yo puedo resumir estas dos semanas en dos palabras: «Trabajo duro!" Y no tengo intención de endulzar la pildora. Los pastores de crecimiento de iglesias que yo conozco están tomando largas horas en planificar, en reunirse con gente que puede influenciar en el proceso de crecimiento de una forma u otra, en oración y buscando la dirección de Dios, en estudio e investigación, en apagar los "incendios", pero más que nada en soñar los sueños de Dios yendo tras de Él. Y todo esto sobre los deberes rutinarios de ser un pastor.

Alrededor del mundo uno de los puntos luminosos del crecimiento de la iglesia es Corea. Hace cien años no había cristianos en Corea. Actualmente los cristianos son 30% de la población y serán más de 50% para fines de los ochenta. Hay varios factores en el crecimiento coreano de la iglesia, pero uno es el asumir que el pastor es el líder de la iglesia. Los pastores coreanos tienen una autoridad considerable. Ellos son amados y respetados. Ellos están siendo bien cuidados. Las madres coreanas oran para que sus hijas se casen con un pastor, tal y como madres de otros países oran para que éstas se casen con un médico o un abogado. Pero los pastores coreanos trabajan duro por el dinero que ganan. Cada pastor coreano está despierto antes del amanecer siete días a la semana, conduciendo la reunión de oración matutina en la iglesia a las 4:30 ó 5:00 A.M. Durante varios días ellos trabajan hasta bien entrada la tarde. Los admiro grandemente.

La naturaleza del pastorado invita a la ociosidad. La responsabilidad de horas laborables es baja. Los pastores no utilizan un reloj de entrada y salida. El trabajo es realizado en diversos lugares: la iglesia, la casa del pastor, el automóvil, el hospital, las casas de los miembros de la iglesia, y suficientes otros lugares que nadie puede mantener una pista de dónde está el pastor a una hora dada. Pocas personas asalariadas por hora disfrutan el grado de libertad que caracteriza el ministerio. Pero la libertad viene con una responsabilidad, y si un pastor no tiene una disciplina propia para conducirla bien, un mejoramiento de dicha área debe ser un punto de importancia en la lista de oración.

No estoy abogando por un trabajo extremo. No estoy sugiriendo de que el pastor deba poner el trabajo delante de la familia. Estoy buscando un balance entre el trabajo intenso, desocupación creativa, y tiempo de calidad con los amados. Ahora estoy describiendo a un pastor de crecimiento de iglesia. Lee Lebsack, quien vio su iglesia de las Asambleas de Dios en Ravena, Ohio, crecer de 200 a 2.000 en seis años, estudió 10 de las más grandes iglesias de las Asambleas de Dios. Una cosa que encontró fue que los pastores de las diez iglesias eran grandes líderes. Entonces él dijo: "Un común denominador de todos estos pastores... es su fuerte hábito al trabajo. No son ociosos, sino que trabajan duro. Sus iglesias reflejan sus esfuerzos".[8]

Mientras que el pastorear una iglesia en crecimiento es un trabajo duro es también muy disfrutable. Uno de mis más cercanos amigos es John Wimber, pastor de la Comunidad Cristiana del Viñedo de Yorba Linda en California. Recuerdo que hace menos de seis años, cuando él empezó con 17 personas en la sala de su casa. Ahora ellos se reúnen en un gimnasio de una escuela sirviendo a más de 5.000 personas. Me gusta la forma en que Wimber describe sus sentimientos: "Amo mi trabajo. Me gusta levantarme en la mañana y hacer lo que hice ayer. Es muy divertido estar en una iglesia que está creciendo. Bautizamos a 337 personas el año pasado. Es muy divertido y emocionante".[9]

Para varios pastores parte del trabajo duro que envuelve ser un pastor de crecimiento de iglesia es el aprender cómo crecen las iglesias. Volviendo a los días cuando varios de nosotros fuimos al seminario y a la escuela bíblica, no habían cursos de crecimiento de iglesia, no había profesores de crecimiento de iglesia, no había libros de crecimiento de iglesia. Mientras se enseñaba evangelización, mucho del énfasis estaba en mantener la institución dada y en cuidar de las necesidades de los miembros de la iglesia. John Wimber, por ejemplo, no se hizo un pastor de crecimiento de iglesia por accidente. Durante los primeros años de su ministerio pastoral, comenzando la década de los setenta, él hizo una simple observación: Había diez iglesias en su área inmediata con más de 2.000 miembros cada una. Obviamente estos pastores estaban haciendo algo que John no estaba haciendo. Así que él se preparó para establecer una relación personal con todos los que pudiera. Por espacio de un año, se reunió regularmente con cuatro de ellos aprendiendo de lo que sabían. El resultado de ello, fue que hoy, diez años después, cientos de pastores buscan a John Wimber para conversar acerca de lo que él está haciendo bien.

Mi punto es que todo esto toma tiempo, energía, y esfuerzo. Fue un trabajo duro el hacer contacto con esos cuatro pastores, pero el trabajo fue recompensado. Aquellos que necesitan una adición suplementaria a su entrenamiento recibido en el seminario, tienen ahora varias oportunidades disponibles para ellos para aprender acerca de crecimiento de iglesia, pero todas requieren trabajo. Si estás dispuesto a pagar el precio, aquí hay varias sugerencias:

Visite y estudie las iglesias que están creciendo. El sentimiento es una importante dimensión para guiar una iglesia al crecimiento. Cuando se piensa acerca de esto se nota que muchos pastores norteamericanos nunca han sentido realmente el crecimiento. Ellos crecieron en una iglesia que no estaba creciendo, en el seminario hicieron su internado en una o más iglesias que no crecen, sus primeros pastorados fueron en iglesias pequeñas que no estaban creciendo y su iglesia presente tampoco está creciendo. Si esto describe su caso, usted necesita obtener el sentimiento del crecimiento, y una de las mejores formas de hacerlo es ir a encontrarlo. Puede hacerlo por sí mismo o puede atender un seminario que algunos pastores de crecimiento de iglesia establecen. Como miembro por largo tiempo de la cátedra del Instituto Robert H. Schuller para el "Liderazgo Exitoso de la Iglesia", he observado cambios significantes de actitud en los pastores y líderes laicos que han venido a la Catedral de Cristal a través de los años. Sólo unos pocos días en una iglesia que está creciendo pueden hacer una tremenda diferencia.

Lea libros que traten sobre el crecimiento de iglesia. La literatura en el campo de crecimiento de iglesia se ha incrementado rápidamente alrededor de los últimos diez años. Algunos materiales excelentes están disponibles. Sugiero que se establezca como meta el leer un libro nuevo de crecimiento de iglesia cada mes. Puede ordenar uno o afiliarse al Club Americano del libro de Crecimiento de Iglesia, el cual fue establecido algunos años atrás cuando encontré que la librería cristiana promedio no se concentraba en aumentar su inventario de libros de crecimiento de iglesia. El club del libro le informa de doce selecciones por años y usted puede ordenar los que quiera.[10]

Atender seminarios de crecimiento de iglesia y talleres. El Instituto de Crecimiento de Iglesia dirigido por Win Arn ha sido el líder a través de los años en conducir seminarios y talleres en diferentes aspectos del crecimiento de iglesia. Varias otras importantes organizaciones lo están haciendo de igual manera. Los cuerpos denominacionales están realizándolas para sus propios pastores y líderes laicos. Mencioné previamente que algunas iglesias locales que están creciendo los imparten de tiempo en tiempo. Mi buen amigo Larry Dewitt, pastor de la Comunidad Calvario de Thousand Oaks en California, tiene mucha demanda de su tiempo por parte de otros pastores que quieren estudiar con él lo que Dios le ha dado acerca del tema crecimiento de iglesias. Por el momento él se está reuniendo una vez por mes con ellos. Estas reuniones ofrecen muy buenas oportunidades para aprender más acerca del crecimiento de iglesia.

Tome cursos en crecimiento de iglesias. Obtenga información en seminarios y escuelas bíblicas cercanas que tengan cursos disponibles acerca del crecimiento de iglesia, donde los pastores puedan continuar su educación sobre este tema. A través de los años pienso que ha sido de mucha ayuda a pastores norteamericanos, mi enseñanza en el Programa de Doctor en Teología en el Seminario Fuller. Este es el único programa que conozco que tiene una fuerte especialización en crecimiento de iglesia para el doctor en ministerio. De las cuarenta unidades de estudio requeridas (más la disertación o proyecto de ministerio observado), se pueden tomar hasta 28 unidades directamente en crecimiento de iglesia. El horario está arreglado para que usted pueda tomar 12 de esas unidades en cualquiera de los dos períodos de dos semanas de residencia (habiendo realizado una lectura sustancial y leído de antemano, escribiendo los informes después). Los cursos de nivel doctoral pueden ser tomados a su vez, por quienes están enrolados en el programa y por aquellos que desean éstos simplemente para la continuación de su educación. El seminario acepta alrededor de 140 personas por años en los cursos de crecimiento de iglesia.[11]

Compartiendo el ministerio

El tercer precio que los pastores deben pagar si ellos esperan que su iglesia crezca, es el compartir el ministerio. Esto debe ser hecho con otro personal del programa así como también con el laicado.

No es del todo apropiado decir que el crecimiento no puede tener lugar adecuadamente si el pastor no comparte el ministerio. Una persona puede manejar bien todo el ministerio de una iglesia pequeña. Un pastor puede dar todas las prédicas, la enseñanza, la administración, el asesoramiento, las reuniones de comité, el levantamiento de fondos, el programa de misiones, las relaciones de la comunidad, la visitación, las actividades de evangelización externo casi con una sola mano. Pero para el pastor promedio, la energía para continuar conduciendo todo el ministerio se va cuando la iglesia alcanza la cifra de 200. Las iglesias pueden crecer hasta 200 miembros sin ministerio compartido, pero no pueden ir mucho más allá.

Antes de desarrollar el tema de compartir el ministerio un poco más, debo decir unas palabras acerca de la notoria barrera de los 200. Los años de investigación que he hecho en dinámica de iglesias he descubierto la figura de los 200 como un límite numérico de crecimiento. Sé que otros investigadores han sugerido figuras diferentes para una nivelación. David A. Womack por ejemplo, tiene una de las más largas listas con 35, 85, 125, 180, 240, 280, 400, 600, 800 y 1200 como puntos críticos.[12] No tengo razón para dudar de que estos son puntos significativos de crecimiento, excepto con que en el actual campo de análisis no he encontrado en ninguno de ellos una relación con el problema. La barrera de los 200 es diferente. No es un accidente que 80% de las iglesias norteamericanas sean de 200 miembros o menos. Lyle Schaller lo llama el "tamaño tope" y estoy de acuerdo. Las decisiones de liderazgo hechas en una iglesia de 200 miembros, tienen más influencia para el futuro de la congregación que otras en cualquier otro punto.

Estoy generalizando necesariamente. La figura de los 200 implica un rango. Este no tiene magia en sí mismo. Lo que quiero decir con la frase "barrera de los 200", la cual voy a usar frecuentemente en este libro, es un rango de entre 150 y 250 miembros activos. Miembros activos son aquellos que están en el directorio de la iglesia. Ellos quizás no estén cada domingo, pero asisten ocasionalmente, y hacen alguna contribución financiera a la iglesia, ellos se refieren a la iglesia como "mi iglesia", y esperan que sus hijos jóvenes también sean miembros de la iglesia, y miran hacia la iglesia para celebrar ritos ocasionales como bodas y funerales. En otras palabras ellos esperan que la iglesia y su personal los ministren en alguna manera regular. Hablando numéricamente (teniendo en mente que otras cosas drásticas pueden entrar en la figura) cuando una iglesia local dada tiene entre 150 y 250 personas cuya participación es al menos al nivel que acabo de describir, ésta entrará en serios problemas de crecimiento. Las iglesias por debajo de la barrera de los 200 tienen un cierto modelo predecible de características, y las iglesias sobre la barrera de los 200 tienen un modelo diferente.

Voy a mencionar varios de aquellos mientras voy avanzando, pero en este punto estamos tratando con el hecho de compartir el ministerio. Si la iglesia va a romper la barrera de los 200, el pastor debe empezar a compartir el ministerio. No es bueno esperar hasta que el crecimiento se detenga alrededor de los 200 y entonces empezar a compartir el ministerio. Esto debe ser hecho lo antes posible para evitar perder el momento del crecimiento. Es más difícil levantarse después de la pérdida del "momento" que prevenirlo.

Posteriormente, voy a discutir detalladamente cómo equipar a una iglesia para que crezca. Basta decir aquí que antes que la iglesia empiece a detenerse ante la barrera de los 200, se pudiera agregar alguien más al personal de la iglesia. Sin embargo, añadir otra persona al equipo es un precio muy alto a pagar para algunos pastores. Ellos tienen bien establecido que ellos son solos. Nunca estarán felices de ser parte de un equipo pastoral o a cargo de su propio equipo. Esta no es una personalidad reprobable, pero es una restricción al crecimiento.

Compartir el ministerio con el laicado es otro asunto; pero dificultoso para algunos. Algunos pastores sienten que los laicos no están calificados para el ministerio porque ellos no tienen entrenamiento profesional en el seminario o la escuela bíblica. Algunos están amenazados por la posibilidad de que un laico pueda ministrar un área hasta mejor de lo que ellos podrían hacerlo. Algunos sienten la obligación de ganar su salario haciendo todo el ministerio por ellos mismos y desafortunadamente algunos tienen miembros de iglesia influyentes que refuerzan esto diciendo: "¿De cualquier modo, para qué te estamos pagando?" Cualquiera que sea la razón, el no estar dispuestos a compartir el ministerio con el laicado es un serio obstáculo para el crecimiento de la iglesia.

Compartir el ministerio es llamado: "delegación" por expertos en administración. Leí recientemente en uno de los libros de Ted Engstrom acerca de cinco razones por las cuales los líderes fallan en delegar. Estas se aplican a compartir el ministerio en los niveles de personal y laicado:

1. Creen que los subordinados no son capaces de manejar la asignación.
2. Temen competencia por parte de los subordinados.
3. Temen perder reconocimiento.

4. Están temerosos de que sus debilidades sean expuestas.
5. Sienten que no tendrán tiempo de volcarse al trabajo y proveer el entrenamiento necesario.[13]

En consejería con grupos de pastores, he escuchado cada uno de estos problemas una y otra vez. No es difícil de ver por qué el compartir el ministerio es simplemente para los pastores un precio muy alto que pagar para el crecimiento.

Teniendo miembros que no puede pastorear

Esto suena extraño en un principio. ¿Cómo puede tener un pastor miembros que no puede pastorear?

Primeramente déjeme explicar qué quiero decir con "pastorear" en este contexto. En la mayor parte del tiempo en este libro estoy usando el término pastor para referirme al jefe ejecutivo de una iglesia local, usualmente referido como el ministro o el pastor principal. En este contexto, sin embargo, estoy usando el término pastor en un sentido más literal. Me estoy refiriendo a la relación de persona a persona que el pastor tiene con cada miembro. Es un modelo muy tradicional, esperado por varias congregaciones de la persona que contratan como pastor. Si usted tiene el corazón de un pastor, usted debe saber el nombre de todos los miembros de la iglesia y de sus familias, visitar cada hogar cierto número de veces al año, hacer una o dos llamadas extras a cada uno que esté enfermo, hacer toda la consejería, realizar todos los bautismos, bodas y funerales, dar una mano en los problemas personales y disfrutar un tipo de relación personal con todos y cada uno.

Esto se puede hacer hasta la barrera de los 200. En algunos casos se puede hasta estrechar un poco más. Pero para atravesar la barrera de los 200 y sostener una saludable tasa de crecimiento, el pastor debe estar dispuesto a pagar un precio muy alto por algunos: él o ella debe estar dispuesto a cambiar de un modelo de pastor a un modelo de ranchero.

Estoy en deuda con Lyle E. Schaller por esta terminología gráfica, y él traza esto en un descuidado comentario de un ministro presbiteriano en Texas.[14]. Esto se ajusta a la cuenta perfectamente. Tenga en cuenta que en una iglesia conducida por un ranchero, las ovejas son aún pastoreadas, pero el ranchero no lo hace. El ranchero ve que esto es hecho por otros.

No es fácil para un pastor ser otra cosa que no sea un pastor. Una vasta mayoría no sólo son pastores; pero sus congregaciones demandan que permanezcan de tal manera. Schaller observa que: "el rol del pastor es probablemente el apropiado estilo ministerial para el pastor de aquellas congregaciones que promedian menos de 150 en el servicio de adoración principal... pero el rol pastoral tiende a inhibir la evangelización externa de esas congregaciones".[15] En otras palabras, este es un obstáculo para el crecimiento.

En el fin de semana entre las dos semanas de clases en el curso de doctorado en Ministerio en Crecimiento de Iglesia que imparto en el Seminario Fuller, los pastores visitan las iglesias fuera en el campo misionero y entrevistan al personal de la iglesia y al laicado. Una de las preguntas hechas al laicado es: "¿Por qué permanecen en esta iglesia?" Una de las iglesias que investigaron fue la Catedral de Cristal, una iglesia de 10.000 miembros. Es muy sorprendente la respuesta que en forma consistente el laicado de la Catedral de Cristal da: "Esta es la más amistosa iglesia del Condado de Orange" ¿Cómo puede ser esto?

Una razón principal por lo que esto pasa es que el pastor Robert H. Schuller es un ranchero por excelencia.

Él tiene un gran corazón por su gente, pero es suficientemente realista para saber que él no puede pastorearlos de uno en uno. Varios miembros de la Catedral de Cristal sienten que ellos han tenido un contacto cercano con su pastor si es que han estrechado la mano de Schuller cada seis meses o algo así. Pero Schuller ha realizado esfuerzos, delegando en un asociado llamado David Bailey, el entrenamiento de un grupo élite de 700 "ministros laicos en cuidado pastoral". Estos hombres y mujeres con dones han tenido cada uno hasta 250 horas de clase de entrenamiento académico en un ministerio provisto por la iglesia misma. Ellos son entrenados en Biblia, Teología, Asesoramiento, Historia de la Iglesia, Trabajo Pastoral y varias de las áreas que ellos estudiarían si fueran al seminario. Ellos son comisionados oficialmente como ministros por la congregación. Cada uno es asignado a 10 ó 15 familias de la congregación por quienes ellos son responsables. Ellos, no el pastor Schuller, son los pastores. Cuando uno del grupo está enfermo o tiene un problema, ellos están a la mano. Si llegan a una situación que no pueden manejar, entonces la dirigen al personal de la iglesia. Ellos visitan los hogares y hospitales. Un miembro promedio de la Catedral de Cristal es contactado por un ministro de la iglesia una vez al mes, a veces por teléfono, por una visita, o a través de una carta. ¡No sin razón la congregación la considera la iglesia más amigable del Condado de Orange! Mucha gente en una pequeña iglesia rural no recibe esta atención personal por parte del ministro.

La primera vez que conocí a Charles Allen, pastor de la Primera Iglesia Metodista de Houston, Texas, me llevé una sorpresa. Naturalmente yo estaba interesado en saber cómo él administraba una iglesia de 12.000 miembros, la cual a su vez era la iglesia metodista más grande del mundo. "Bueno —él dijo—, yo visito a una familia cada tres meses". Cuando me vio con la boca abierta, me guiñó el ojo. "Tú crees que Dios dejará entrar en el reino de los cielos a los mentirosos? —me preguntó—. Esa fue su manera vívida de hacerme saber que él era un ranchero.

Revisando la teología del no-crecimiento

El quinto y precio final que algunos pastores tienen que pagar por mover sus iglesias dentro del área del crecimiento es estudiar y revisar algo de su teología. Esto es imposible para aquellos que tienen un fuerte ego identificado con ciertas posiciones teológicas especialmente si dichas posiciones están reforzadas mediante publicaciones. En el último capítulo mencioné a la teología liberal y el rol que yo creo que ésta ha tenido en que la membresía decline en las iglesias de línea tradicional. No hay necesidad de elaborar mucho sobre el asunto aquí expuesto, excepto para reportar que yo pienso que hay algún movimiento que se ha apartado de la teología liberal hacia una teología evangélica más bíblica entre los pastores que participan de esta línea tradicional. Yo dudaría en llamar a esto una tendencia, pero en algunas ocasiones en años recientes he estado conversando con pastores que han dicho de forma casual "cuando yo solía ser un liberal..." Por supuesto que aquellos que han hecho dicha conexión teológica son los que desean llamar más la atención en los cursos o seminarios de crecimiento de iglesia.

Limitaré mis comentarios aquí a dos posiciones teológicas que cortan diametralmente el espectro evangélico liberal pero que han probado ser obstáculos teológicos para el crecimiento.

Teología del remanente. Hace algunos años Donald McGavran acuñó el término teología del remanente y desde entonces forma parte de la jerga estándar del crecimiento de iglesia. Esta se ha levantado —él dice—, en áreas donde el trabajo cristiano ha sufrido no sólo crecimiento lento sino décadas de derrota. Él la describe como "la glorificación de la pequeñez... en la cual el ser pequeño es ser santo. Un crecimiento lento es considerado un buen crecimiento«.[16] Gedeón y su ejército constituyen un paradigma para los teólogos del remanente. Hay libros publicados con títulos tales como *"Las iglesias pequeñas son hermosas"*, *"Las iglesias pequeñas son del tamaño ideal"*, y ha sido mencionado *"El crecimiento de la iglesia no es el punto"*. Los teólogos del remanente se muestran muy desconfiados de las iglesias con mucha membresía y una elevada tasa de crecimiento.

Fidelidad versus éxito. Una frecuente declaración de aquellos que defienden el no crecimiento es: "Dios nos ha llamado a ser fieles, no exitosos". Primera de Corintios 4:2 es usado usualmente para apoyar esto: "Ahora bien, se requiere de los administradores, que cada uno sea hallado fiel". Sin embargo, nunca he sido capaz de comprender por qué poner la fidelidad en contra de la mayordomía. Veo que bíblicamente van juntos. Una de las enseñanzas centrales de Jesús en mayordomía es la parábola de los talentos. En ella él describe la escena de un mundo comercial donde el jefe da a sus tres siervos $1.000, $2.000 y $5.000 respectivamente (para sustituir por modelos monetarios actuales). La meta para cada uno es hacer más dinero. El que tenía $2.000 retornó $4.000, cl que tenía $5.000 regresó $10.000. ¿Qué les dijo el jefe a cada uno? "Bien hecho, buen y fiel siervo". Ellos se fueron felices porque fueron exitosos en tomar los recursos del jefe y usarlos para Sus propósitos. El siervo infiel no cumplió la meta del jefe, en otras palabras no fue exitoso.

Desde que la posición teológica de colocar fidelidad contra éxito pareciera muy modesta y pía, nunca fue usualmente reconocida como un punto de vista de no-crecimiento. Pero recientemente está siendo cuestionada en las denominaciones de primera línea donde ha sido más usada. En la Fuerza de Tarea de la Iglesia Presbiteriana Unida en el reporte de membresía de Iglesia, por ejemplo, Edward Brubaker dice: "Necesitamos dejar de justificar, dejar de indicar las causas equivocadas, y dejar de retroceder nuestras manos y en vez de ello afirmar claramente que el crecimiento de la iglesia es un resultado natural de la fidelidad y la obediencia al Evangelio".[17] Estoy de acuerdo con Brubaker, de que este es el momento de reconocer que si somos fieles a Dios en nuestras vidas cristianas y testificamos, las iglesias, generalmente hablando, crecerán. Hay por supuesto, excepciones en la regla, pero ellas son claramente excepciones. Cuando las condiciones de crecimiento son favorables, las racionalizaciones basadas en la teología no deben ser usadas como excusas para no crecer.

El precio de la gente para crecer

Hemos visto cinco precios que los pastores deben pagar para crecer. Ahora es tiempo de mirar los cuatro precios que la gente de la congregación debe pagar si es que esperan que su iglesia crezca.

Estar de acuerdo con seguir el liderazgo de crecimiento

Si un fuerte rol de liderazgo pastoral es tan importante como yo pienso, un rol de fuerte seguimiento por parte de la gente es igualmente importante. La prueba determinante para el líder es que debe haber seguidores, y dichos seguidores deben ser voluntarios. He hablado varias veces con pastores frustrados que quieren guiar sus iglesias al crecimiento pero no pueden porque la gente en la iglesia se rehúsa a dar permiso.

La analogía del pastor y las ovejas, tomada del mundo agrícola, es una analogía poderosa. Si yo hubiera propuesto esto como un aparato literario estaría desconfiado de esto porque es muy fuerte. Mi trasfondo es agrícola y mi grado universitario es en cría de animales. Mientras que no he sido un granjero de ovejas, sé suficiente acerca de ovejas para saber que ellos son los más vulnerables y dependientes animales de una granja. Vacas, cerdos, caballos, cabras y perros son más inteligentes y suficientes por sí mismos que las ovejas. El rol que el pastor tiene en la vida de las ovejas es asombroso. Yo no he inventado esta analogía, es una analogía bíblica. Los líderes de la iglesia son llamados pastores en la Biblia y la gente es llamada rebaño.

Estar de acuerdo con ser ovejas y estar dispuestos a seguir el liderazgo de crecimiento de un pastor es un precio muy alto a pagar por algunas congregaciones para el crecimiento. Si las actitudes no cambian, el potencial de crecimiento para sus iglesias permanecerá bajo. Es tan importante esta materia que me voy a extender en ella en un capítulo posterior, así que nada más necesita ser dicho en este punto.

Pagando el dinero

El crecimiento de la iglesia cuesta dinero. Sí, hay algunos proyectos experimentales de crecimiento de iglesia los cuales son más económicos que el promedio; pero a la larga continuarán costando dinero. Obviamente, este dinero finalmente vendrá de los miembros de la iglesia.

Al observar las iglesias creciendo he encontrado gran emoción en el ambiente, una especie de electricidad. La gente cree en lo que está pasando, y ellos están dispuestos a pagar las cuentas. Congregaciones tacañas, avaras y usureras no son típicas congregaciones que crecen. Los miembros de las iglesias que crecen son dadores alegres y Dios los ama como Él dice que lo hará.

He encontrado que el dar generosamente para el crecimiento no es usualmente el punto de inicio. No es una causa, es un efecto. Está claramente asociado con el primer precio para una congregación el estar de acuerdo con seguir al liderazgo de crecimiento. Si la dinámica apropiada de la relación pastor-gente se desarrolla, la gente está mucho más inclinada a escuchar la razón de sus ofrendas y diezmos. Necesitan una causa en la cual ellos realmente crean si es que ellos van a estar motivados para financiarla.

Esto es sólo una introducción. Voy a elaborar esto posteriormente, junto con la necesidad de desarrollar un seguimiento congregacional.

Reajustando sus grupos de comunión

Una de las más grandes bendiciones de ser cristiano es el disfrutar de la comunión cristiana. Las iglesias que no proveen una oportunidad significativa para hermanos y hermanas cristianos de estar en comunión unos con otros, son usualmente iglesias que no crecen. Debido a que las relaciones interpersonales son de alta prioridad para la mayoría de los cristianos, es fácil ver el porqué molestarlas, es un precio muy alto para algunos, para crecer.

Aun peor, el deseo de preservar los acostumbrados modelos de comunión cristiana puede en realidad repeler a los visitantes. Veo esta enfermedad y la llamo "koinonitis", derivada de la palabra bíblica para comunión: Koinonia. Es una koinonia que está mal, una inflamación de crecimiento. Los cristianos disfrutan la compañía de los otros tanto que pierden su visión para alcanzar a la gente sin iglesia que está alrededor de ellos. Los extraños se vuelven una amenaza, así que son excluidos efectivamente de los círculos de comunión. El crecimiento no es sólo una baja prioridad, es algo que debe ser evitado.

No puedo pensar en iglesias en las cuales haya oído estos sentimientos verbalizados. Todos conocen que no es una actitud cristiana. Varios cristianos afirman su deseo de evangelización externa y de compartir las buenas nuevas con otros. Como materia del hecho, varias personas de iglesias con diagnóstico de "koinonitis" leerán esto y dirán: "Me alegra que esto no nos esté describiendo a nosotros". Esto es porque en varios casos la actitud es enteramente inconsciente. Pero mientras la gente en la iglesia no es capaz de reconocer que ellos tienen "koinonitis", los que son nuevos se dan cuenta, y en un muy breve período de tiempo. Ellos pueden sentir la rajadura entre la sonrisa y el estrechar la mano en la puerta de la iglesia y la barrera social impenetrable alrededor de los grupos de comunión.

Esto es un obstáculo para el crecimiento en iglesias grandes y pequeñas. En las iglesias pequeñas está relacionado con la barrera de los 200 que mencioné previamente. Yo he indicado que en orden para superar la barrera de los 200, los pastores deben estar dispuestos (a) a compartir el ministerio y (b) a tener miembros que no puedan pastorear de uno en uno. Ahora, es aquí donde alguna responsabilidad por romper la barrera de los 200 cae precisamente en los hombros de los laicos. Ellos deben estar dispuestos a reajustar sus modelos de comunión.

La iglesia pequeña, como ha sido indicada previamente, es una iglesia de una célula única. Tiene una integridad por sí misma. Las iglesias de una sola célula son buenas iglesias, pero si ellas deciden permanecer como una célula única, no pueden crecer. La razón para esto es un simple principio sociológico. El ser humano tiene la capacidad de relacionarse con un número determinado de personas en un sentido de intimidad. Los números sugeridos para esto varían de estudio en estudio, pero cuando cualquiera de tales grupos pasan los 100, la tensión está ahí, presente, cuando se trata de relacionar caras con nombres, particularmente para aquellos que asisten a servicios de adoración cada semana pero que no participan en otras actividades de la iglesia de manera continua. Ese es el porqué, cuando el grupo llega a los 150 ó 200 la capacidad de absorber nuevos miembros ha sido llevada al extremo, y algo hay que hacer, algún cambio debe ser hecho o la iglesia detendrá su crecimiento.

¿Cuáles son los cambios? Formar nuevas opciones para grupos de comunión de adultos. No es fácil para mucha gente porque esto significa dejar viejos amigos y hacer otros nuevos.

En las iglesias grandes que ya tienen múltiples opciones de grupos de comunión de adultos, la koinonitis puede detener el crecimiento. Los grupos existentes pueden hacerse demasiado grandes o demasiado exclusivistas a tal punto que los nuevos miembros no puedan localizar puntos de entrada. Es decir ya están tan organizados y tienen tan poca visión del crecimiento de la iglesia, que los nuevos convertidos no encuentran lugar para ellos. Varios de estos nuevos miembros, frustrados por lo que ellos perciben como un rechazo social, se irán por la puerta de atrás y terminarán en otra iglesia donde puedan hallar comunión. En las iglesias grandes los nuevos grupos de comunión se irán organizando constantemente, pero esto requiere un gran esfuerzo para que pueda ocurrir. El pastor necesita brindar apoyo de su liderazgo al proceso de crecimiento, pero si la congregación no está dispuesta a pagar el precio las posibilidades de que ocurra el rechazo a los nuevos será evidente y por supuesto la iglesia no va a crecer.

Abriendo sus círculos de liderazgo

En algunas iglesias, no en todas, un pequeño grupo de laicos han ganado el control del liderazgo de la iglesia y han decidido que lo retendrán. Ellos sienten un sentido de propiedad personal y han desarrollado mecanismos efectivos de autoprotección. Ellos protegen su círculo de liderazgo en dos aspectos: Contra nuevos laicos y contra nuevos pastores.

Mientras la iglesia no esté creciendo, los líderes no tienen que estar muy interesados en nuevos laicos que puedan tomar el liderazgo. La jerarquía de orden social de la congregación existente está en muchos de los casos cordialmente aceptada por los miembros activos de la iglesia, y el status quo será mantenido ordinariamente sin mucho esfuerzo. Los cambios pueden tener lugar en estructuras formales. Un diferente miembro del cuerpo de directores aquí, un diferente director allá. Pero funcionalmente, todo el mundo sabe quién realmente conduce la iglesia. A veces el centro del poder real de una iglesia puede que no esté en el cuerpo oficial de directores del todo. Puede ser la esposa de uno de los ancianos o un hombre que esté "retirado" del cuerpo de consejeros hace varios años pero que es aún un fuerte sostenedor de la iglesia. La estructura funcional de liderazgo nunca es dicha en público o escrita en reportes.

Sin embargo, cuando una iglesia empieza a crecer y nueva gente empieza a venir dentro de la iglesia, emerge una diferente situación social. Un conflicto predecible está en el horizonte. Esto ha sido llamado por Lyle Schaller "el conflicto del pionero y el dueño de casa" y al menos en mi experiencia, es fácilmente el más penetrante y el más devastador conflicto enfrentado por los ministros hoy en día. La falla de entender este conflicto, ha significado fracasar para, probablemente, miles de pastores practicantes. Muchos han renunciado a las congregaciones o han capitulado ante los pioneros, pero en cualquier caso esto ha sido un serio obstáculo para el crecimiento.

Un pastor de la Alianza Cristiana y Misionera de Pennsylvania fue uno de aquellos que me contó la historia de su conflicto pionero-dueño de casa. El suyo es uno de los pocos que ha tenido un final feliz. Al parecer los pioneros de la iglesia no aceptaban su liderazgo por un largo tiempo. Así que decidió hacer un movimiento estratégico. Sería difícil adivinar qué hizo. ¡Le puso cerradura al órgano! El organista era un pionero. Esto llevó la crisis de poder a la cabeza y se luchó por seis meses. Durante ese tiempo la congregación cantó con piano solamente. Entonces los pioneros se arrepintieron, ofrecieron su lealtad al pastor, y él prontamente quitó la cerradura al órgano. La armonía fue restaurada, y la iglesia empezó a crecer. La mayor parte del tiempo, sin embargo, no es tan fácil. Diré más acerca de pioneros y de dueños de casa en un capítulo posterior.

El segundo caso que podemos citar, los líderes laicos atrincherados se protegen a sí mismos contra los pastores. Ellos se resisten intuitivamente a permitir al pastor asumir el liderazgo funcional de la iglesia, y han diseñado una forma a prueba de falla para evitar que esto pase. Ellos simplemente cambian al pastor cada dos, tres, o cuatro años.

Lyle E. Schaller dice: "Es una evidencia persuasivamente abrumante que desde una perspectiva congregacional de largo plazo, los años más productivos de un pastorado rara vez comienzan antes del cuarto, quinto o sexto año de tener dicha congregación".[18] Esto significa que si ellos pueden dar cuenta del pastor lo suficientemente temprano, los años productivos del pastor en dicha iglesia nunca empezarán.

Estudio tras estudio ha reforzado la correlación positiva entre la longevidad ministerial y el crecimiento de la iglesia. La investigación de Beasley-Murray y Wilkinson en Inglaterra encontró que "No es hasta que el ministro ha servido cinco a diez años en su iglesia que una parcialidad hacia el crecimiento se hace aparente". Beasley-Murray admite que "este hallazgo ha alterado significativamente mi propio acercamiento al ministerio en Altrincham. Inicialmente me vi a mi mismo como ministrando por un período de tiempo relativamente corto, particularmente como que éste era mi primer pastorado"[19] No sorprende que la Iglesia Bautista Altrincham este creciendo ahora a más de 200% por década.

Necesita ser reconocido que el modelo de pastorado de corto plazo es algo relativamente nuevo. En los primeros días de nuestra nación (Los Estados Unidos de América) un pastor asumía el llamado de una iglesia como una situación de por vida. Lo mismo con un médico o un abogado. De 550 graduados de la Universidad de Yale que entraron al ministerio Congregacional entre 1702 y 1794, siete de cada diez pasaron su carrera ministerial entera en la primera iglesia a la que sirvieron.[20] En varias denominaciones este modelo de permanencia aún está en vigor, sin embargo a los pastores en esta época se les cambian muy a menudo en breves períodos de tiempos y sobre todo en las iglesias norteamericanas de gente blanca. En las iglesias negras esto no ha cambiado y no es extraño encontrar pastores negros que están guiando sus congregaciones por treinta o cuarenta años. La única excepción son los pastores negros en denominaciones predominantemente blancas tales como los Metodistas Unidos. Massey y McKinney llaman a esto "los frutos dulces de un largo pastorado".[21] Una fecha muy importante en el calendario anual de las iglesias negras es la celebración del aniversario del ministro como pastor.

Toda la culpa por la alta movilidad pastoral no puede ser echada sobre los líderes laicos de la congregación. Como William Willimon dice: "Nosotros debemos ser honestos acerca de nuestra alta movilidad en nuestros ministros: el movimiento del clero es mayormente motivado por un interés en la carrera y aumento en el salario de los ministros individuales, raramente es por un interés por las congregaciones".[22] Los pastores necesitan reconocer el hecho de que hay dos formas de obtener una iglesia más grande. O irse a otra o permanecer donde uno está y conducir la iglesia presente al crecimiento. Con las relaciones apropiadas entre el pastor y los laicos, y una voluntad por parte de ambos de pagar el precio para crecer, esto último puede ocurrir mucho más frecuentemente de lo que ocurre.

NOTAS

1. Elmer L. Towns, John N. Vaughan y David J. Seifert, *The Complete Book of Church Growth* (Wheaton: Tyndale House Publishers, 1981). Vaughan escribió el capítulo en "The Fuller Factor." Ver p. 109.

2. Larry Richards, *InterCHANGE* boletín informativo, Paso 2, Chicago, Illinois, vol. 1, no. 5.

3. C. Edward Brubaker, "Program for Increasing Membership", *The Presbyterian Layman,* junio/julio 1976, p. 5.

4. D. Dewayne Davenport, *The Bible Says Grow: Church Growth Guidelines for Church of Christ* (Williamstown, WV: Evangelism Seminar, 1978), p. 30.

5. Ted W. Engstrom, *The Making of a Christian Leader* (Grand Rapids: Zondervan Publishing House, 1976), p. 97.

6. Fuller Seminary's Institute for Christian Organizational Development ofrece cursos regulares de liderazgo, y muchos de ellos están abiertos para pastores por educación continúa. Escriba a 135 N. Oakland Avenue, Pasadena, CA 91101.

7. John Wimber, "The Church Growth Pastor", *Higher Goals,* Gwen Jones, ed. (Springfield, MO: Gospel Publishing House, 1978), p. 48.

8. Lee Lebsack, *Ten at the Top How Ten of America's Largest Assemblies of God Churches Grew* (Grand Rapids: Baker Book House, 1974), p. 115.

9. Wimber, "The Church Growth Pastor", p. 52.

10. Para información sobre American Church Growth Book Club, escriba al P.O. Box 90095, Pasadena, CA 91109-5095.

11. Para más información sobre Doctor of Ministry curso avanzado en crecimiento de iglesia, escriba a Fuller Theological Seminary, 135 N. Oakland Avenue, Pasadena, CA 91101.

12. David A. Womack, *The Pyramid Principle of Church Growth* (Minneapolis: Bethany Fellowship, 1977), p. 17.

13. Engstrom, *The Making of a Christian Leader,* p. 164.

14. Lyle E. Schaller, *Survival Tactics in the Parish* (Nashville: Abingdon Press, 1977), p. 53.

15. Ibid., p. 54.

16. Donald A. McGavran, *Understanding Church Growth* (Grand Rapids: Wm, B. Eerdmans Publishing Co., 1980), p. 168.

17. C. Edward Brubaker, "Program for Increasing Membership", p. 5.

18. Lyle E. Schaller, *Assimilating New Members* (Nashville: Abingdon Press, 1978), p. 53.

19. Paul Beasley-Murray y Alan Wilkinson, *Turning the Tide: An Assessment of Baptist Church Growth in England* (London: Bible Society, 1981), p. 34.

20. Lyle E. Schaller, "When Should the Pastor Move?" *The Christian Ministry,* julio, 1980, p. 26.
21. Floyd Massey, Jr. y Samuel Berry McKinney, *Church Administration in the Black Perspective* (Valley Forge: Judson Press, 1976), p. 27.
22. William H. Willimon, "Unifying Factors for a Congregation", un manuscrito no publicado, p. 46.

3

El pastor de crecimiento de iglesia = líder + equiparador

El argumento principal de este libro es que si las iglesias van a llevar al máximo su potencial de crecimiento ellas necesitan pastores que sean líderes fuertes. El punto requiere una completa explicación porque no está expresado comúnmente. Pueden haber excepciones, como las hay en cualquier principio de crecimiento de iglesia, pero no se equivoque acerca de esto: esto es una regla. Si su iglesia no está creciendo y se pregunta por qué, déle una mirada cercana a la vida del pastor. En algunos casos no tiene que buscar mucho para descubrir la barrera principal al crecimiento.

El declinar del "capacitador" ideal

La razón por la cual en las iglesias norteamericanas es muy característico que no haya un fuerte liderazgo pastoral, es porque en el pasado reciente en los seminarios les enseñaron lo contrario.

Varios pastores aprendieron de sus profesores en los seminarios que ellos no deben abusar de sus posiciones de liderazgo en las iglesias. Se les enseñó a rechazar un fuerte y autoritativo liderazgo pastoral directivo. Un vocabulario completo ha sido desarrollado para desacreditar a los pastores que tienden hacia un liderazgo agresivo. Esto es llamado "dictatorial", conjurado con imágenes como las de Hitler o Idi Amin. Es dicho que el ser líder tipo "Jim Jones", es muy ofensivo para lo cristianos sensibles. Algunos lo ponen de esta forma: "El cristianismo no necesita ayatollahs" Los pastores están prevenidos contra "viajes del ego" o "la construcción del imperio".

La alternativa ha sido el modelo del pastor como el "capacitador". Varios pastores practicantes tienden a medir su rol en la iglesia contra las características del capacitador. Esta es una verdadera particularidad del clero en el período de los 30 a 45 años de edad, pero otros lo hacen de la misma forma.

El modelo del capacitador se yergue y se hace popular en los seminarios por una buena razón. El liderazgo pastoral en varias iglesias norteamericanas se ha vuelto "clericalismo". El clero fue el componente activo del sistema de la iglesia mientras el laicado fue el componente pasivo. La idea del capacitador tuvo como intención original el acentuar dos cosas: Primero, el rol de siervo de los pastores y segundo, la necesidad de ellos de equipar el laicado para el ministerio. Estoy de acuerdo con que ambos son esenciales para un efectivo liderazgo de crecimiento de iglesia pero el modelo salió mal como lo voy a explicar.

Mientras supe que por un largo tiempo hubo algo equivocado con el modelo de capacitador, no podría ligeramente poner mi dedo en lo que fue. Le tocó a dos de mis autores favoritos contemporáneos derramar la luz que necesitaba. Ellos fueron el presbiteriano Richard G. Hutcheson en su libro *The Wheel Within the Wheel* (La rueda dentro de la rueda) y el metodista Lyle E. Schaller en su *Effective Church Planning*, ambos publicados en 1979. Cuando yo leo estos libros empiezo a comprender por qué si la motivación del capacitador ideal fue tan buena, por qué no ha ayudado a las iglesias a crecer, y estoy hablando en sentido general.

¿Qué es exactamente un capacitador?

Richard Hutcheson lo pone de esta manera: "Un capacitador o facilitador es relativamente un técnico que no está involucrado, pero que entiende el proceso por el cual las cosas son llevadas a cabo y que puede capacitar a otros para alcanzar metas".[1] Lyle Schaller, con su técnica literaria característica de poner en escena un diálogo ficticio para que sirva como caso de estudio, tiene a un laico describiendo a un ex pastor. "Nosotros lo llamamos un capacitador tipo ministro, identificado a sí mismo", dijo, "y nos quedamos sorprendidos. Encontramos que la palabra capacitador era un sinónimo de no ser un iniciador, de no ser llamado, no ser agresivo, y no tomar responsabilidades de liderazgo".[2]

¿De dónde viene el "capacitador"?

La idea del pastor como capacitador refleja algunas tendencias generales en la sociedad norteamericana en algunas décadas pasadas. La Segunda Guerra Mundial creó un fuerte sentimiento contra los dictadores. Esto resultó vívidamente en cómo la autoridad del liderazgo podía ser rechazada. Esto es comprensible, como un virus antiautoridad, algo que comenzaba a desarrollarse dentro de la sicología social norteamericana.

Hutcheson lo traza desde el movimiento de relaciones humanas de los años 40 asociado con Kurt Lewin y la teoría de dinámica de grupos. Los mayores valores del movimiento acentuaron las relaciones interpersonales. La planificación y control dentro de una organización fueron desaprobados. Las decisiones de cualquier índole fueron hechas a través de la colegialidad, mutualidad, y actividad de grupo, pero no a través del ejercicio de la autoridad la cual Hutcheson dice que es "quizás la más sucia palabra en este léxico".[3]

Estos valores sociales han tenido su impacto en las teologías radicales de los 60 y la popularidad de sensitividad y grupos de encuentro, cumplimiento propio y el énfasis supremo en gente no en organizaciones. Los seminarios cogieron esto y enseñaron técnicas de asesoramiento indirectas, teología relacional, y el modelo capacitador para el pastor. La tarea principal para el pastor era no mover la organización (la iglesia) hacia adelante o estar interesado en su crecimiento. La ayuda espiritual a los miembros de la iglesia se realizaba a través de una escala de valores de las necesidades de Maslow que se convierte en personas actualizadas a sí mismas como meta. Alguien dijo que si se pregunta a un pastor con este entrenamiento qué hora del día es, se tendrá una de dos respuestas: "¿Por qué pregunta? o ¿Qué hora quiere que sea?

Para el final de los años 60, los estudiantes del seminario no habían sido enseñados tan sólo en este ideal pastoral, sino que varios ministros practicantes habían renovado sus herramientas con el concepto. Un gran número de iglesias norteamericanas, particularmente aquellas cuyos pastores eran universitarios graduados, estuvieron experimentando con el tipo capacitador de líder. Puede o no que sea coincidencia que las iglesias de primera línea empezaran su época de declinación de membresía justo a ese tiempo; pero por una cosa, el líder capacitador no fue lo que las iglesias necesitaron para voltear las tendencias presentes. Por supuesto esto no estuvo de moda ni siquiera para hacerlos retroceder. En los hechos, varios líderes de iglesia estuvieron diciendo que la pérdida de miembros era algo bueno. Ellos eran muy anticonstitucionales y algunos estuvieron predicando que la iglesia debería morir como el grano de trigo que cae en la tierra y entonces veríamos ¡lo que Dios podría sacar de las ruinas! El crecimiento de la "iglesia institucional" fue considerada como un objetivo casi irreputable para el ministerio.

Como Lyle Schaller lo ve: "Mientras es imposible colocar datos precisos acerca de tendencias como ésta, aparecía que el concepto del pastor como capacitador había alcanzado la cumbre de la popularidad a finales de los años sesenta. Comenzando a declinar desde entonces".[4]

Los resultados netos de la prominencia del modelo capacitador sobre dos o tres décadas son buenos y malos. Las buenas noticias son que dieron cuenta del clericalismo en su mayor parte. Ahora hay un nuevo y valioso descubrimiento en el rol del laicado en la vida de la iglesia. El sacerdocio de todos los creyentes es reafirmado y practicado ampliamente. La ola de énfasis en la vida de cuerpo y los dones espirituales que está trayendo mucha vida y renovación a las iglesias es una de los resultados positivos.

Pero mientras este énfasis ha sido y continuará siendo el saludable, el lado de las malas noticias del modelo capacitador ha sido suficientemente fuerte como para impedir el crecimiento de la iglesia, particularmente en las denominaciones de primera línea. Con toda la acentuación de la necesidad de un ministerio laico, el pastor tendió a compenetrarse a su autoridad de liderazgo dada por Dios. El ministerio pastoral ha sido orientado a la gente pero no hacia la tarea. Las decisiones clave debían haber sido hechas, supuestamente, por grupos no por individuos. Hutcheson concluye que "hay alguna evidencia, verdaderamente, que las organizaciones de iglesia habían sufrido de falta de liderazgo".[5] Él hasta va a enfatizar una fascinante declaración teológica cuando dice: "tenemos una persistente, y de largo plazo, devaluación de la autoridad de la relación entre Dios y los humanos."[6] Si este es en realidad el caso, se puede posteriormente explicar una relación entre el modelo capacitador y la declinación de las iglesias de primera línea.

El pastor como equiparador

Observando que el capacitador ideal probablemente alcanzó la cima hacia fines de los años 60 eso no significa que ha desaparecido de la escena. Schaller dice: "El concepto aún tiene amplio apoyo...y está siendo defendido aún por muchos como el rol ideal para un pastor por varios profesionales (y profesoriales) que se dedican a observar predicadores."[7] La mención de tipos profesionales es la forma de Schaller de indicar que el modelo capacitador es aún enseñado en algunos seminarios. Esto, desafortunadamente, es el caso. Pocos textos de seminario, hasta hoy en día, argumentan lo suficientemente fuerte por un liderazgo pastoral autoritativo.

El concepto capacitador es propuesto en libros tales como el del pastor Robert C. Girard "Brethren, Hang Loose". Ahí él sugiere que "en los años por venir el rol profesional del pastor irá disminuyendo... Mi visión es un llamado a incrementar la dependencia en nuestros hombres y mujeres llenos del Espíritu quienes a su vez se hagan cargo más y más del ministerio de la Palabra —"el ministerio del púlpito". Su plan es que el pastor sea quitado y se vuelque toda la iglesia sobre el laicado.[8]

David Mains, fundador de la innovativa Iglesia del Círculo en Chicago, dice como él fue a través de una significativa transición en sus propias ideas personales. La Iglesia del Círculo fue fundada a fines de los 60, en el fundamento del concepto del capacitador. Diez años más tarde Mains vio sus sueños desmoronarse. Los primeros miembros de la Iglesia del Círculo fueron en gran manera parte de la escena antiautoritaria. El movimiento de vida de cuerpo recién estaba empezando. Mains ahora mira hacia atrás y dice, "fijé el liderazgo en la iglesia, y acentué la igualdad de todos los creyentes separándolos de los dones hieráticos de liderazgo. Descubrí el hecho muy tarde, no pude hacer que la congregación cambiara su esquema y se diera cuenta". Ahora él ve que: "si separas el liderazgo del siervo demasiado lejos puedes convertir al líder en algo humillante y destruirlo" Entonces él lanza una advertencia: "Yo creo que este problema de minimizar el liderazgo del pastor es una enfermedad que se está esparciendo salvajemente a través de las iglesias evangélicas".[9]

El desafío central, como yo lo veo, es el sustentar un énfasis en liberar el laicado de la iglesia para un ministerio significante mientras al mismo tiempo se restaura el rol del pastor como líder. Esto puede ser hecho, yo creo, describiendo el pastor como líder y equipador. Aquí está mi definición de un equipador:

Un equipador es un líder que fija metas activamente para una congregación de acuerdo con la voluntad de Dios, obtiene posesión de estas metas, y trata de que cada miembro de la iglesia esté propiamente motivado y equipado para hacer su parte en lograrlas.

Pongo la definición en letras itálicas porque creo que es el fin central de este libro. Si el clero puede creer que su rol primario es de equipador y si el laicado le da su consentimiento y abre el camino para que su pastor sea como lo exigen las reglas, las iglesias podrán crecer tanto en cantidad como en calidad.

A la larga la iglesia obtiene lo más importante que es que el pastor sea un equipador. El modelo capacitador funcionará en un grado en las iglesias que aún no han alcanzado la barrera de los 200, pero no puede ir más lejos. Así que si la iglesia va a romper la barrera de los 200, esta debe observar cercanamente el rol del pastor mucho antes de que se llegue a ese número y sea posible perder el momento de crecimiento. Hablaré más acerca del tamaño de iglesia, posteriormente.

¿Cuál es el futuro del capacitador? Mientras David Mains ve la idea esparcirse entre los evangélicos, hay indicaciones que están al menos entre las iglesias de primera línea, y se está reconociendo ahora como de amplia ineficiencia. Lyle Schaller, como hemos visto, siente que esto llegó a la cima a fines de los 60. Si así fue, esto declinó muy lentamente durante la primera parte de los años 70. Pero hacia el final de la década un significante proyecto de investigación conducido por Jackson W. Carroll y Robert L. Wilson revelaron que en el actual mercado de trabajo de primera línea, el pastor en más demanda "es aquel que provee un fuerte liderazgo, hace que las cosas pasen, y es algo de empresario" mientras el candidato que está siendo pasado por alto ahora es "la persona más pasiva que espera a que la gente tome la conducción".[10] En otras palabras, el capacitador es o está pasando de moda.

Dos dilemas pastorales

Casi cualquier pastor que trata de servir a Dios en la forma bíblica está constantemente enfrentándose a dos dilemas clásicos. Los laicos que quieren saber qué es lo que irrita al pastor, necesitan entender bien estos dilemas, ya que el pastor probablemente no se los dirá a ellos. Es algo que el pastor no puede hablar a la ligera. Si vamos a decir la verdad, son los laicos los que deben decirle al pastor si está trabajando bien o no. Esto no funciona de otra manera.

Los dos dilemas son: ser humilde y poderoso a la misma vez y ser siervo y líder a la misma vez. Observémolos uno por uno.

Ser humilde y poderoso

Cada cristiano bíblico es enseñado por las Escrituras a no ser orgulloso. El orgullo viene antes de la caída. "Dios resiste al orgulloso, pero da gracia al humilde" (Santiago 4:6). Ningún cristiano que "no tenga más alto concepto de sí del que debe tener" (Romanos 12:3). La humildad es una virtud cristiana constantemente alabada en sermones y cantos. Los pastores enseñan la humildad y tratan de modelarla en sus vidas diarias.

Pero muy pocos pastores entienden adecuadamente la relación que el poder tiene con la humildad. Ellos se ven como opuestos exactamente, pero en realidad no lo están. Jesús afirmó esto lo más claro posible cuando dijo: "Porque el que se ensalza será humillado, y el que se humilla será ensalzado" (Mateo 23:12). Dése cuenta de los dos verbos activos y los dos verbos pasivos en este pasaje. Los verbos activos definen nuestra responsabilidad, mientras los verbos pasivos definen la respuesta de Dios.

El primer verbo activo es "se exalta a sí mismo". Esto es humanamente posible, tomar la iniciativa y exaltarse a uno mismo. A menudo un pastor dirá palabras para causar efecto: "Ahora que yo soy su pastor, *deben* obedecerme". Pero la verdadera autoridad pastoral no es generada por sí misma sino conferida por Dios. El pastor que trata de exaltarse a sí mismo encontrará que la respuesta de Dios (el verbo pasivo) les causa "ser abandonados". La exaltación propia es el camino para cometer pecado de orgullo.

El segundo verbo activo es "humillarse a sí mismo". Es igualmente posible para una persona el tomar la iniciativa y decidirse a ser humilde. Mientras que nosotros debemos reconocer que la humildad es un fruto del Espíritu el cual viene a través de la gracia de Dios, no obstante el ser humilde es algo que se nos ha mandado ser. Santiago dijo claramente: "Humillaos ante el Señor y él os exaltará" (4:10) y sugiere que esta actividad toma dos formas. Primero, resistir el diablo (Santiago 4:7) y segundo, dirigirnos a Dios (Santiago 4:8). Ambas actitudes están llenas de importancia muy significativa y deben formar la base de la vida espiritual. Si activamos la humildad por nosotros mismos, debemos esperar recibir la respuesta de Dios (el verbo pasivo). Jesús dijo que la persona humilde "será exaltada" y Santiago dice, "Él te exaltará".

Muchos pastores a quienes he dado asesoramiento en guiar la iglesia hacia el crecimiento, tienen problemas porque ellos aceptan la parte de la humildad del dilema, pero no la parte del poder. Y es la voluntad del Señor que tengamos las dos: humildad y poder.

Yo sé positivamente que la mayoría de los pastores fuertes en las iglesias que crecen, son realmente personas humildes, y ellos son reconocidos así por aquellos que les conocen bien. Acusaciones de "vanidosos" son en su mayoría formuladas por observadores de afuera que han mantenido prejuicios contra ellos por largo tiempo.

Pero es fácil de ver por que los pastores mismos no pueden afirmar aquello a lo que han llegado. Ellos formulan chistes acerca de la "humildad y cómo llegar a ella". Esta simple confirmación de la que hablamos es un verdadero dilema, pero alguien necesita encarar de forma realista y con valentía el problema.

Ser siervo y líder

Los apóstoles Santiago y Juan una vez trataron de exaltarse ellos mismos. Ellos querían que Jesús los nombrara lugartenientes del Reino. Jesús tomó la oportunidad de enseñarles a ellos la más profunda lección acerca del liderazgo. Primero les dijo en forma negativa, que los líderes cristianos no deben ser como los gentiles "y gobernar sobre ellos" (Marcos 10:42). Este contraste entre señorío y liderazgo es nuevamente mencionado en 1 Pedro 5, y lo quiero examinar posteriormente. Pero aquí Jesús va al lado positivo y dice: "El que desee ser grande entre ustedes debe ser su siervo" (Marcos 10:43). El liderazgo cristiano, en contraste con el liderazgo secular, está basado en el servicio. No hay otras forma de alcanzarlo.

Nótese que Jesús no dice que hay algo malo con el querer ser líder. Sin embargo, él dice que en el Reino de Dios el liderazgo no viene por coerción o imposición propia. No lo podemos demandar, debe ser ganado. Si la prueba determinante de un líder es si tiene o no seguidores, esos seguidores deben percibir a la persona como su siervo antes de que ellos decidan seguirlo.

Pero nuevamente es aquí donde encuentro un proble ma en el ministerio de hoy en día. Varios pastores pasarán sus vidas probando que ellos son siervos, pero ellos no aceptan las consecuencias de hacerlo bien, llamándolo la exaltación que Dios les da como líderes y el poder que viene con esto. Jesús lavó los pies de sus discípulos, pero en ningún momento de su ministerio terrenal hubo una duda en su mente o en la de sus discípulos acerca de quién era el líder. Servicio y liderazgo no se contradicen entre ellos en el trabajo cristiano. Van juntos.

Servicio y liderazgo hoy en día

Yo pienso que Dewayne Davenport ve el cuadro claramente. Él sugiere que la humildad por sí misma, da testimonio de varios predicadores de ser verdaderos líderes ordenados por Dios. Un predicador negará continuamente que él es la persona clave para el crecimiento de la iglesia, porque "él teme lo que otros predicadores pensarán acerca de él". Él también está temeroso de lo que la congregación va a pensar. Pero la declaración de Davenport es: "Predicadores, guiar es una responsabilidad dada por Dios. No la esquiven".[11]

Los líderes de las iglesias que están creciendo hoy en día no la esquivan. Hace algún tiempo visité la Iglesia Metodista Kwang Lim en Seúl, Corea, pastoreada por mi buen amigo Sundo Kim. Bajo su fuerte liderazgo, se ha convertido en la Iglesia Metodista más grande del mundo. El pastor Kim es percibido por su gente, los 12.000, como su siervo. Aún él, como la mayoría de los pastores coreanos, no tienen problema con el dilema entre el servicio y el liderazgo. El modelo capacitador para el ministerio nunca ha sido popular en Corea y esa es una razón (entre otras) porque sus iglesias crecen mucho más rápido que las iglesias norteamericanas. Quedé profundamente impresionado cuando Kim me mostró la sala de conferencias de su iglesia. Había una mesa larga con sillas para todos los ancianos. A la cabecera de la mesa habían dos sillas. Kim se situó detrás de la silla derecha y dijo: "Esta es mi silla. Ningún humano se puede sentar en la otra, porque es la de Jesucristo". El simbolismo de Kim, afirmando ser la mano derecha de Jesucristo para la conducción de la iglesia local la veo muy apropiada, desde mi punto de vista. Varios pastores norteamericanos, sin embargo, tendrían serios problemas psicológicos y hasta teológicos con tal arreglo de muebles.

Otro amigo mío, Jack Hayford, es pastor de las más grande iglesia cuadrangular de los Estados Unidos, la Iglesia del Camino en Van Nuys, California. Siendo él mi vecino, he podido observar el crecimiento de la iglesia de cerca a través de los años. Unas 5.000 personas asisten al servicio de adoración principal cada semana. Ninguno que yo conozca combina idealmente los roles de siervo y líder. En un mensaje a otros pastores compañeros, Hayford dijo recientemente que: "Hay una necesidad desesperada de siervos que reconozcan su rol de liderazgo, se comprometan con él, y luego se bajen de su pedestal y caminen entre la gente... la gente necesita saber que su líder ha fallado en cierta ocasión; pero que en su debilidad ha experimentado el milagroso y abundante poder de Dios".[12] Su punto de inicio es el servicio.

Pero mientras Hayford conscientemente funciona como un siervo, él no huye de ser exaltado como el portavoz de Dios en su congregación. Él dice que el laicado que ha levantado en la fe y en sus propios roles de liderazgo nunca "intentarán usurpar el lugar de los trabajadores pastorales en la congregación", y que a través de los años "ellos me han amado y sostenido en un nivel del cual nunca antes he sido testigo'.[13] A veces Jack Hayford declara a su congregación. "Dios me habló diciéndome...." Recuerdo hace algunos años atrás, antes de que fuera terminado el santuario nuevo, que para aliviar el problema de espacio indicó a su gente que un domingo en la mañana por mes, en vez de venir al santuario, ellos podían reunirse con el grupo de una iglesia en un hogar en su vecindario. Él dijo que estaba anunciando esto como parte de su filosofía de ministerio y que cualquiera que se sintiera incómodo con ella podía mejor considerar el encontrar una nueva iglesia. Para enfatizar este punto dijo: "No les está hablando el Pastor Jack. ¡Es el Señor!"

Les he contado esta historia a numerosos pastores norteamericanos y he quedado fascinado con sus reacciones. Algunos están tremendamente ofendidos con un pastor que asume demasiada autoridad en la congregación local. Ellos piensan que es arrogancia. Pero Hayford explica, que él sólo usa la frase: "Dios me habló" en ocasiones muy especiales. No quiere decir que él ha aprendido algo de la revelación en general o que Dios le ha dado alguna revelación privada. ¿Qué es lo que quiere decir? Él quiere decir que "en un momento dado, casi siempre cuando menos lo espero, el Señor me habla palabras. Esas palabras han sido tan distintas que virtualmente soy capaz de decir, 'Y yo cito...'"[14] Hay una razón por encima de todo por la cual Jack Hayford es capaz de comunicarse con su gente en esa forma: Ellos lo reconocen como su siervo.

Un tercer amigo mío, Gordon MacDonald, es pastor de la iglesia en crecimiento más grande en New England, la Capilla Grace en Lexington, Massachusetts. En la actualidad ellos tienen alrededor de 3.000 personas en los servicios dominicales. Conozco bien a McDonald y lo saludo como uno de los líderes evangélicos más relevantes de Norteamérica no sólo en su congregación sino también entre sus colegas profesionales. Esta es la razón por la cual me sorprendí al leer un artículo reciente de su titulado "Diez condiciones para el crecimiento de la iglesia". Lo que dijo fue excelente; pero ninguna de las diez era la base de un fuerte liderazgo pastoral. Por lo tanto le escribí y le pregunté la razón de esto. En su respuesta me hizo recordar que me había dicho hacía poco tiempo atrás, que él no conocía ninguna iglesia que hubiera crecido tanto, sin un fuerte liderazgo pastoral, con la asistencia de otros pastores, "todas estas declaraciones fueron motivo de un sutil interés enfocado hacia una pseudohumildad". Entonces confesó que "aquí yo soy culpable de lo mismo". Dijo que si fuera a reescribir el artículo pondría el liderazgo pastoral fuerte a la cabeza.

Incidentalmente, sus cartas membretadas, como las de Rick Warren, mencionado en un capítulo anterior, tienen "Gordon McDonald" en la cabecera, y el nombre de la iglesia en la parte inferior. Él, como otros, personifica no sólo un auténtico servicio; sino también el liderazgo que va con este.[15]

El apóstol Pablo se refirió en varias ocasiones a sí mismo como un siervo. Aun así, su autoridad era sorprendente. Él no vio contradicción en ser simultáneamente un siervo de Jesucristo y un Apóstol (vea Romanos 1:10). No vaciló en decir a los corintios en dos ocasiones: "Por tanto os ruego que me imitéis" (1 Corintios 4:16, 11:1). En una de ellas añadió: "así como yo soy de Cristo", reconociendo nuevamente su servidumbre.

Larry Richards llama a esto una "extraña contradicción". Investigando tres congregaciones sobresalientes descubrió que en las tres "el liderazgo es fuerte y sostiene una autoridad inusual en la iglesia". Pero con todo eso, "la gente nunca percibe a sus líderes como autoritarios... la gente a quienes sirven disfrutan el someterse a ellos".[16] Ellos han aprendido cómo combinar humildad con poder y servicio con liderazgo.

¿Es un líder un administrador?

Los términos *administrador* y *líder* son usados frecuentemente como sinónimos. Sin embargo, la teoría organizacional contemporánea sugiere que hay algunas diferencias importantes entre ellos. Por un lado, cada administrador necesita ser un líder, pero no cada líder necesita ser un administrador.

El líder viene primero. El liderazgo encierra conceptos, visiones, y dirección en general. Una vez que esto está establecido, se ve que la administración está hecha.

Richard Hutcheson explica el liderazgo como *una función de la relación entre personas*, aquellos a cargo y aquellos quienes siguen voluntariamente. El liderazgo afina y es afinado por aquellos quienes siguen. Una cosa que *no puede hacer* es ignorar el electorado".[17] El liderazgo efectivo de la iglesia percibe apropiadamente dónde está la gente de la congregación ahora, y qué potencial hay para el futuro. Entonces este toma pasos para motivarlos a seguir adelante y volverlos a todos en lo que Dios quiere que ellos sean. El líder está siempre al frente, pero no muy lejos. El líder ve posibilidades que otros no pueden ver, y cambia la perspectiva de los miembros de la iglesia para ajustarse a estas posibilidades.

La administración es diferente. Ted Engstrom señala que mientras el liderazgo es basado en visión y conceptos, la administración opera con perspectivas realísticas, hechos y funciones. El liderazgo tiene cuidado acerca de la efectividad mientras la administración tiene cuidado de la eficiencia.[18] El liderazgo decide hacia dónde vamos y por qué. La administración diseña cómo llegar a ese punto.

Veo la diferencia entre liderazgo y administración relacionándose con un par de dones espirituales mencionados en la Biblia, llamados liderazgo y administración. El don del liderazgo es mencionado en la lista de dones de Romanos 12:8, mientras que la administración viene en la lista de dones de 1 Corintios 12:28. En el original en griego ellas son dos palabras diferentes.

La palabra para administración en 1 Corintios es la palabra griega para *timonero*. En la industria naviera el timonero es la persona que entiende la tecnología de cómo mover el barco de un lado a otro. El timonero o administrador efectúa cierta guía en el sentido de mando medio porque el timonero tiene que dirigir a la tripulación y estar seguro de que cada trabajador haga su parte en el cumplimiento de la tarea. Pero el propietario del navío es el líder real. El propietario decide a dónde tiene que ir el barco y qué es lo que va a transportar. Es concebible de que el propietario conozca poco acerca de navegación o marinería o qué hacer en caso de una tormenta.

Yo defino los dos dones espirituales en cuestión, como sigue:[19]

Liderazgo: El don del liderazgo es la habilidad especial que da Dios a ciertos miembros del Cuerpo de Cristo para fijar metas de acuerdo con el propósito de Dios para el futuro, y comunicar tales metas a otros de tal forma que ellos trabajen voluntaria y armoniosamente juntos para el cumplimiento de dichas metas para la gloria de Dios.

Administración: El don de la administración es la habilidad especial que Dios da a ciertos miembros del Cuerpo de Cristo para entender claramente las metas inmediatas y de largo alcance de una unidad particular del Cuerpo de Cristo, y aconsejar y ejecutar planes efectivos para el cumplimiento de tales metas.

Pocos pastores son líderes puros o administradores puros. La mayoría son una mezcla de los dos. También he observado quienes tienden hacia ser líderes, de una manera u otra son administradores, pero parecerán pastores de crecimiento de iglesia, en su mayoría. Los pastores que se ven a sí mismos como administradores y usan ese tipo de estilo de administración tienden a ser orientados hacia el mantenimiento. Estar seguro de que la iglesia, tal y como es, funcione pareja y armoniosamente, es completamente la posición de un administrador. Un líder, por el otro lado, está dispuesto a tomar riesgos y alterar el status quo a fin de avanzar hacia nuevos horizontes.

Limitaciones al liderazgo

Vamos a suponer que usted está de acuerdo con que un fuerte liderazgo pastoral ayuda a las iglesias a crecer y que ha resuelto pedir ayuda a Dios para ser un líder lo más fuerte posible. Si es así, descubrirá inmediatamente que la situación particular de su vida va a tener limitaciones acerca de cómo se le permitirá dirigir. Hay por lo menos cinco grupos importantes de factores que en la mayoría de los casos son dados. Pero dentro de cada grupo de factores encontrará líderes fuertes y débiles. Le sugiero que trate de localizar su propio estilo de vida en cada uno de los cinco casos, y que dentro de esas limitaciones intente ser un líder lo más fuerte posible.

Limitaciones culturales

Cada uno de nosotros, como seres humanos, somos parte de una cultura específica la cual determina mucho acerca de nuestros valores y modelos de conducta y afina nuestra visión del mundo. Hay miles de grandes culturas en el mundo y numerosas variaciones significativas de ellas. Parte de cada contexto cultural es un intrincado sistema de selección de liderazgo y legitimación. La gente que pertenece a cada grupo cultural espera que los líderes legítimos se comporten de cierta manera y que ellos deseen ser seguidos en el grado que ellos se establecen con dicho tipo de conducta. Cuando una iglesia es establecida dentro de esa cultura, en una gran parte la forma en la cual los modelos de liderazgo efectivo de iglesia serán tomados, son determinados por esa cultura.

Como misiólogos continuamente señalamos, uno de los errores que los misioneros han cometido frecuentemente en establecer iglesias en otras culturas es el sobreimponer un sistema de gobierno de iglesia el cual es de muy poco sentido para la gente. Cuando era un misionero nuevo en Bolivia recuerdo bien mi frustración en lo que yo consideraba reuniones de iglesia desorganizadas e ineficientes. Así que traduje *Robert's Rules of Order* al español pensando que resolvería el problema. ¡Fue todo lo contrario! Mirando retrospectivamente ahora puedo ver mi ingenuidad y falta de sensibilidad cultural.

Hablando de América Latina, un modelo de liderazgo culturalmente relevante el cual se ha desenvuelto es el del caudillo. El *caudillo* es el hombre fuerte, el macho, el dictador. Muy pocos presidentes latinoamericanos desde la independencia de España y Portugal han sido elegidos a través de elecciones libres. Ellos han luchado en medio del sistema, han sido golpeados por competidores, y caído a sus pies. Sus seguidores los han reconocido como líderes, y ellos conducen el gobierno en la forma en la que ellos son.

La familia de iglesias de crecimiento más rápido en América Latina son los Pentecostales, quienes son más de 75 % de protestantes latinoamericanos. He pasado algún tiempo estudiando el crecimiento fenomenal de estas iglesias, y una de las cosas que he encontrado, es que en una forma cristiana, su sistema de liderazgo sigue el modelo del *caudillo* secular. Es difícil para los líderes latinoamericanos mismos, comprender esto cuando los señalo porque el *caudillo* es siempre cruel, pragmático, y sanguinario en el mundo secular. Pero en las iglesias los pentecostales han desarrollado un modelo de siervo-*caudillo*. ¿Recuerda los dilema? ¿Es posible ser un fuerte *caudillo* cristiano y ser percibido por la gente que le sigue como su siervo que los ama verdaderamente. Un pastor protestante típico de una iglesia grande y en crecimiento en América Latina, es exactamente eso, así estén o no conscientes del hecho.

Ahora, en una villa africana, el *caudillo* es desconocido. Ahí la cultura ha determinado que el gobierno sea por consenso. El jefe de la villa es un hombre muy paciente. Cuando se necesita una decisión importante él estará muy seguro de que habrá un consenso total del grupo acerca de la mejor manera de proceder, antes de anunciar una decisión. Y no es sorprendente que los líderes fuertes de las iglesias africanas en crecimiento sepan cómo opera el sistema de consenso, y lo usen en sus iglesias.

Quiero decir que ya sea trabajando como un modelo de *caudillo* en América Latina o un modelo de consenso en África, encontrará líderes fuertes y débiles, tal y como lo hacen en Norteamérica con la democracia, el modelo de gobierno que la mayoría usualmente sigue.

El misiologista Martin Goldsmith de Inglaterra, sugiere que el sobreimponer los modelos norteamericanos y europeos de liderazgo democrático puede ser una razón para el crecimiento lento de las iglesias en el Japón. Un líder de una sociedad misionera europea trabajando en Japón me dijo que mientras la mayoría de las iglesias en Japón no estaban creciendo, unas pocas estaban creciendo de una forma realmente vigorosa, y que típicamente sus miembros laicos eran muy activos en la obra del Señor. Pero él comentó que "los ministros de dichas iglesias se han vuelto pequeños dictadores y nosotros no hemos sido capaces de ayudarlos a ser menos autocráticos". Goldsmith replicó con gran sabiduría: "¿Podría ese ministerio espiritualmente *autocrático* enfrentar bien al Japón?" Su amigo, difícilmente, pudo manejar esto al principio; pero admitió finalmente que en Japón, las estructuras políticas, industriales y sociales operan en su totalidad bajo poderosos estilos de liderazgo autocrático. Entonces, él se permitió ver que quizás un liderazgo democrático, sobreimpuesto por los misioneros del exterior, podría ser el factor que ha *retrasado* el crecimiento de la iglesia japonesa a través de los años.[20]

Limitaciones socio-económicas

Dentro de varias culturas, particularmente aquellas en sociedades urbanizadas e industrializadas, hay varios niveles socioeconómicos diferentes. Los modelos de liderazgo pueden variar significativamente de un nivel a otro. En Norteamérica, por ejemplo, los miembros de la unión de comercio quienes son graduados de una escuela secundaria[1] responderán generalmente a un diferente estilo de liderazgo el cual es relevante para ejecutivos de negocios y profesionales que poseen grados universitarios. Los trabajadores de fábricas responderán bien al tipo autoritativo de liderazgo, mientras que los profesionales y administradores de mando medio responderán mejor al estilo participatorio de liderazgo. Estas preferencias socioeconómicas son manifestadas en la iglesia de igual forma.

Por ejemplo, mi iglesia es la Iglesia Congregacional de Lake Avenue en Pasadena, California. Es una iglesia grande con una asistencia de alrededor de 3.000 asistentes los domingos en la mañana, y está creciendo. Sucede que es de clase socioeconómica media y alta. Uno de los principales equipos es una gran máquina Xerox la cual hasta ordena las páginas impresas. Debido a que los líderes provienen de posiciones de administración de mando alto y medio, ellos demandan un estudio significativo

1. Nota del traductor: Equivalente de High School en los Estados Unidos.

antes de tomar decisiones. Todas las opciones deben ser cuidadosamente analizadas. Se necesitan reportes detallados para decisiones grandes y pequeñas, y el comprar papel es una significativa parte del presupuesto de la iglesia. El pastor, Paul Cedar, está bien advertido de que sólo un estilo participatorio de liderazgo funcionará bien en la iglesia. Pero él es un líder fuerte que sabe a dónde Dios quiere que la iglesia vaya, que ha asumido la responsabilidad para el crecimiento, y quién puede motivar a otros a seguirlo, todo dentro de las limitaciones impuestas por su congregación en particular.

Mucho de lo que atraviesa nuestra iglesia para hacer decisiones serias considerado superfluo en una iglesia de clase trabajadora. "Nosotros no necesitamos todo ese papeleo", podría bien decir un diácono. La gente de la clase trabajadora en su mayoría, no están interesados en ser parte del proceso de tomar decisiones. Ellos no se sienten confortables si se espera que colaboren con ideas. Ellos son usados por el capataz quien les dice qué hacer, y no se resienten para nada de ello. Debido a que a los norteamericanos les gusta votar en asuntos importantes en algún punto del camino; si su pastor es un líder fuerte que entiende el sistema, habrá muy poca duda que en cualquier momento se procederá a unas elecciones congregacionales por algún motivo.

Observe las iglesias en crecimiento de clase trabajadora en su área y encontrará usualmente un pastor que es un líder-siervo autocrático. Observe las iglesias en crecimiento de la clase media alta y de clase alta y encontrará usualmente un pastor que es un líder-siervo participador. Pero tengamos en cuenta que ambos son siervos y líderes fuertes que entienden a su gente y sus expectativas de liderazgo.

Limitaciones denominacionales

Un pastor trabajando dentro de una estructura denominacional está limitado automáticamente en lo que puede hacer por la política establecida de la denominación. Sin embargo, no puedo pensar en una denominación que dentro de los límites de su política no incluya líderes fuertes y débiles.

Los británicos, valorizan la monarquía con toda su pompa y circunstancia, como obispos y arzobispos en su liderazgo de iglesia. La Iglesia Anglicana en Inglaterra y la Iglesia Episcopal en Norteamérica reflejan su cultura. Los Metodistas emergieron de la Iglesia Anglicana y retuvieron los obispos. El poder está centrado en la episcopacia en estas iglesias. Por lo tanto, es más difícil para el pastor local ser un líder fuerte como en otras denominaciones más democráticas. Sin embargo, hay varios pastores metodistas y episcopales muy efectivos quienes saben cómo ser fuertes dentro del sistema.

Los presbiterianos empezaron en Escocia parcialmente como una reacción contra los obispos. Consecuentemente ellos fijaron una política de liderazgo que tomó el poder de los obispos y lo puso en las manos de los ancianos de la congregación local. La reunión de los ancianos es llamada el consistorio y el pastor, un anciano por definición es el moderador del consistorio, aquí hay un gobierno denominacional que entrega la autoridad del liderazgo al pastor en una bandeja de plata; pero hay varios pastores presbiterianos que a pesar de su política son líderes débiles.

El ideal democrático norteamericano es reflejado en la política de las iglesias Bautistas y Congregacionales. Teóricamente el poder está en la congregación, y cualquier acción significativa de iglesia puede ser iniciada por cualquier miembro en una reunión congregacional. En las iglesias Bautistas y Congregacionales grandes que están creciendo, sin embargo, el centro del poder ha sido casi invariablemente transferido funcionalmente, sino lo ha sido formalmente, de la congregación al pastor. Cuando esto es hecho armoniosamente, es una señal de que el pastor ha sido reconocido como un siervo y que la gente confía en él como su líder. Cuando la congregación rehúsa transferir el poder al pastor, ésta decisión frecuentemente se convierte en un obstáculo para el crecimiento.

Limitaciones de la congregación local

A pesar de la denominación con que esté afiliada, al menos tres características de la congregación local en la cual el pastor está ministrando impondrán limitaciones en el tipo de liderazgo que será permitido.

La primera es la tradición de la iglesia. Si es una iglesia la cual da un gran valor al ser conducidos por laicos, las posibilidades de que un pastor nuevo cambie esto son bajas. Una iglesia aquí, en el sur de California, fue fundada por un pequeño grupo de laicos, quienes se convirtieron en ancianos de por vida. El primer pastor que llamaron fue tras las tradiciones que fueron fijadas en concreto y fue capaz de ganar una posición de fuerte liderazgo. La iglesia creció enormemente bajo su ministerio con más de 2.000 personas en el servicio de adoración. Pero desde que el pastor se fue hace algunos años, la iglesia ha ido a través de mares tormentosos y hasta de un desprendimiento debido a que ha sido imposible para otros pastores el entrar en esta escena y obtener permiso de los ancianos fundadores para guiar la iglesia.

La segunda es relacionada a ésta. Mientras más vieja la iglesia es más probable que sus tradiciones no cambien. Es difícil para un pastor el tomar un fuerte liderazgo en una iglesia antigua la cual se ha estado reuniendo en el mismo edificio por un largo tiempo. La excepción es una iglesia que por una razón u otra está en crisis. Por ejemplo, el pastor Richard Anderson aceptó el llamado de la Iglesia Congregacional de Sierra Madre en California varios años atrás. Esa era una iglesia vieja con varias tradiciones fuertes, pero estaba prácticamente muerta. La asistencia estaba en alrededor de 25 personas cuando llamaron a Anderson. Él obtuvo permiso de entrar como un líder fuerte y llevó a la iglesia hacia una edad dorada de crecimiento y vitalidad.

La tercera característica de una congregación local que limita el rol del pastor es el tamaño. Como una regla, mientras más grande la iglesia, es más crucial el rol del pastor principal. Mientras más pequeña es la iglesia menos importante es el liderazgo pastoral. De hecho, en algunas iglesias pequeñas las decisiones importantes son hechas y sólo entonces el pastor es informado de la decisión. Y estas decisiones no son típicamente hechas en reuniones de junta o reuniones congregacionales. Son hechas en el teléfono, en la calle o con una taza de café. Las iglesias que insisten en este proceso de hacer decisiones están más inclinadas a permanecer como iglesias pequeñas. Si ellas van a crecer, necesitan decidir ser guiadas como iglesias grandes. Lyle Schaller llama al liderazgo pastoral fuerte “la variable central en desarrollar una estrategia efectiva de crecimiento de iglesia para congregaciones grandes”. Él continúa diciendo: “El pastor debe estar dispuesto a aceptar y cumplir un rol de liderazgo fuerte y servir como líder número uno en la congregación”.[21]

Limitaciones personales

La quinta, y última limitación de cuán fuerte es el rol del liderazgo de un pastor, puede ser altamente personal. Depende del temperamento del pastor mismo. Algunos pastores son dados a tomar cargos, que pueden tomar otras personas, hay también otros que nunca harían eso.

Este factor se torna más evidente cuando se trata del ministerio de la mujer, teniendo en cuenta que para algunas mujeres líderes, les sería más fácil asumir otras responsabilidades también de liderazgo, pero, tenemos que tener presente que en algunas iglesias el rol de liderazgo en las mujeres es muy limitado ya que no les es permitido ocupar puestos de líderes. De todos modos, aunque a muchas mujeres les sería más fácil ocupar cargos que a los hombres, el porcentaje real es que el de las mujeres es menor que el de los hombres.

Estas características de personalidad entre el hombre y la mujer pueden ser cambiadas en algunos casos; pero a la larga estas son cosas con las cuales el pastor necesita vivir, y son parte de la vida. Yo mismo siento que cada uno de nosotros necesita relacionarse como un producto de Dios el Creador, con todos los demás productos que Él creó. Él no ha creado a cada pastor para pastorear a una iglesia grande y en crecimiento. Algunos han sido hechos para ser pastores de iglesias pequeñas. Para que conociéramos acerca de esto escribí al inicio de este capítulo sobre el tema de que las iglesias pequeñas están bien. No toda iglesia puede o necesita crecer. Las iglesias que por una razón u otra van a permanecer pequeñas y no van a crecer necesitan pastores. Así que si el potencial de liderazgo de una persona está limitada por características personales, él puede considerar que está siendo guiado por Dios a un cumplimiento vocacional en una iglesia pequeña. Tal decisión, ciertamente podrá glorificar a Dios.

Teorías de liderazgo

Los campos de la administración de negocios y administración organizacional se han desarrollado altamente en los años recientes. Los libros de textos en teorías de liderazgo abundan. Antes de discutir algunos de ellos, quisiera definir mi conclusión. Ted Engstrom, uno de los grandes líderes norteamericanos en esta área escribió de esta manera: "El estilo apropiado depende en gran forma en la tarea de la organización, y las necesidades del momento".[22] Yo pienso que esto es extremadamente importante. Flexibilidad es la palabra. He tenido un momento muy difícil con un libro como *A Theology of Church Leadership* por Lawrence O. Richards y Clyde Hoeldtke (Zondervan Publishing House, 1981) el cual profesa el tener localizado el estilo de liderazgo bíblicamente determinado. Mi observación es que Dios bendice varios estilos de liderazgo diferentes mientras que estén implementados en una forma cristiana.

El famoso sociólogo alemán Max Weber presenta una teoría de liderazgo a principios de nuestro siglo la cual se ha sostenido a través del tiempo. Tiene una aplicación directa al liderazgo de la iglesia, como también al secular. Weber identifica tres formas en que la sociedad legitimiza el liderazgo: legal-racional, tradicional y carismático. El liderazgo *legal-racional* está basado en lo que la ley dicta y tiene poco que hacer con la persona del líder quien sostiene la oficina. El oficio hace a la persona y no viceversa. Un juez, por ejemplo, no se supone que debe dejar a su personalidad en el camino de sostener las leyes del lugar. La autoridad *tradicional* es ganada por el líder estableciéndose dentro de los modelos fijados por la tradición. Una monarquía es fijada de esta manera, con el hijo del rey tradicionalmente siendo el siguiente rey. El liderazgo *carismático* es ganado a través de la personalidad misma del líder. El *caudillo* latinoamericano a quien mencioné recientemente es un ejemplo de este tipo de liderazgo.

Difícilmente cualquier líder, secular o de la iglesia, se ajusta enteramente dentro de cualquiera de estos tipos ideales puros. La mayoría son una mixtura. Pero las tendencias hacia uno de los tres son usualmente discernibles. Usted puede ver como algunos pastores se ajustarán ampliamente en uno u otro de los tipos. Sin embargo, los líderes de las iglesias grandes y en crecimiento son casi invariablemente, carismáticos. Ellos no son fuertes debido al oficio que sostienen o debido a la tradición de la iglesia. Ellos son fuertes debido al poder del Espíritu Santo que fluye a través de ellos. Aunque Weber no acentúa esto, la palabra *carisma* es la palabra griega para un don espiritual, y rápidamente notamos que el liderazgo de crecimiento de iglesia es fuertemente basado en dones.

Encuentro que los libros de texto en administración pueden ser excesivamente complejos. Algunas taxonomías son hasta tridimensionales, las cuales personalmente me causan dificultad cuando quiero relacionarme a ellas. Al ir revisando algo de literatura, sin embargo, he identificado dos continuidades que son en extremo útiles para recordar para ir seleccionando su estilo de liderazgo pastoral. Ambos, pastores y laicos deben estar prevenidos de esto. Recuerde que usted también está restringido en una forma u otra por cada una de las cinco categorías de limitaciones que vimos anteriormente.

Autoritativo-participatorio

El liderazgo autoritativo es llamado también *directivo* y es caracterizado por un grupo de control bajo. El liderazgo participatorio es no directivo y caracterizado por un alto control de grupo. Al ser ésta una continuidad, hay numerosos puntos entre los dos extremos y pocos líderes son hallados en cualquiera de los extremos. Es útil ver que ya sea un estilo autoritativo o participatorio puedan ser usados para el liderazgo de la iglesia, dependiendo de las circunstancias. Cualquier de los dos puede ir mal. Un líder autoritativo puede ser dominante y manipulador, motivado por un hambre de poder en vez del bien de la gente. Un líder participatorio puede ser tan falto de intervención que no es un líder de forma alguna, y una organización sin liderazgo puede secarse y morir. Pero ellos también pueden ser buenos. Los requisitos bíblicos para humildad y servicio pueden ajustarse bien en todos los puntos de la continuidad.

Orientación a la tarea-orientación a la gente

Un líder orientado a las tareas, sitúa el realizar sus tareas ante todo. El líder orientado a la gente, sitúa a la gente y sus problemas ante todo. En la iglesia ningún extremo es útil, pero ambos son importantes. La gente no debe ser tratada como simples medios hacia un fin, el fin o las metas deben ser establecidas de acuerdo a las necesidades de la gente. Pero por otro lado, la gente ha sido llevada al reino de Dios con un propósito, y si este propósito o tarea no es cumplida, las personas envueltas no están realizadas. Generalmente hablando, sin embargo, como explicaré en un capitulo posterior, los pastores que se dirigen hacia una orientación a la tarea tienen un más alto potencial para guiar a su iglesia hacia el crecimiento.

Liderazgo y potencial crecimiento

Como he dicho frecuentemente, el propósito principal de este libro es el relacionar varios aspectos del liderazgo de la iglesia hacia el crecimiento de la iglesia. Pienso que mejor puedo poner juntas las partes diferentes de lo que he discutido previamente en un diagrama (fig. 1).

Observe que en el lado izquierdo del diagrama se muestra al pastor como líder de la iglesia. Al moverse hacia la derecha el pastor dirige menos la congregación, y la congregación dirige más. A propósito he mantenido la línea diagonal dentro de las esquinas porque raramente encontramos el extremo donde el pastor hace absolutamente todo para guiar a la iglesia o la congregación lo hace absolutamente todo. Pero tal y como la flecha de la parte superior lo indica, mientras más tendencia hay de ir hacia el lado izquierdo con el pastor en control de un fuerte liderazgo, más alto es el potencial para el crecimiento de la iglesia.

Los cuadros inferiores contienen descripciones de los roles de liderazgo del pastor hacia un lado u otro. Difícilmente cualquier pastor se asegurará bien en cada uno de los términos de cualquiera de las listas, varios encontrarán que su perfil es complejo debido a todas las limitaciones, culturales, denominacionales y restricciones personales.

ROLES DE LIDERAZGO PASTORAL

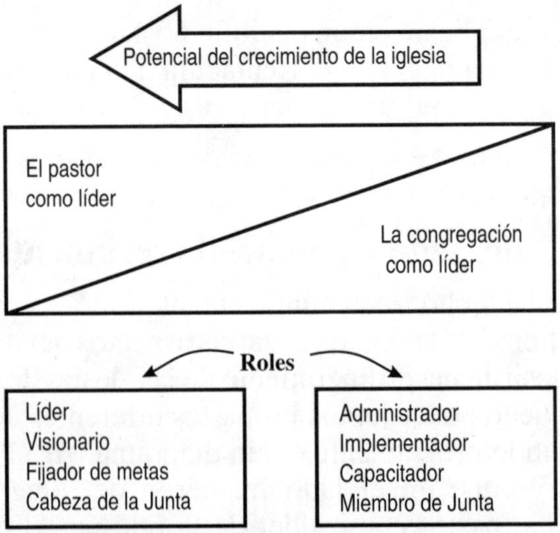

Figura 1

Sin embargo, mientras el pastor dedique más tiempo y energía a ser un líder, en vez de un administrador, habrá más potencial de crecimiento. El líder no está atado al meollo de hacer que la maquinaria funcione; pero está manteniendo la línea. El pastor debe tratar de ser un *visionario* en vez de un *implementador* de la visión de alguna otra persona. Esto pone al pastor en el rol de *fijador de metas* en vez de *capacitador*. El capacitador, como hemos visto previamente, tan solo se sienta y permite que la iniciativa para el futuro venga de la gente de la congregación.

Si la iglesia particular o estructura denominacional permite que el pastor sea la *cabeza de la junta oficial*, será mucho mejor. Si el pastor es, por política de iglesia, sólo un *miembro* de la junta (o peor aún, no está en la junta en forma alguna) esto es una desventaja para el crecimiento. David Womack dice: "No he visto nunca, hasta ahora, una congregación desarrollándose satisfactoriamente por un buen tiempo, si el pastor no ha sido el líder de la congregación o presidente de la junta... no pastorearía una iglesia sino fuera su líder, y no aconsejaría a ningún pastor que aceptara tal posición de organización no bíblica".[23] Él continúa señalando que en los tiempos del Nuevo Testamento los diáconos no eran escogidos para ser la junta de directores por encima de los ministros.

El modelo que he presentado es un modelo muy fuerte, y en este punto puede ser malentendido fácilmente. El próximo capítulo ayudará a balancear esto. No es mi intención de dejar a la gente de la congregación fuera de la figura. Cuando Ralph H. Elliott, uno de los más incisivos críticos del Movimiento para el Crecimiento de la Iglesia, llegó a esta parte de la teoría del crecimiento de iglesia, él entendió que dije que en vez de compartir deberes pastorales con los miembros, "el pastor como líder administrativo es alentado a abdicar todas estas responsabilidades".[24] Lo que realmente intenté promover es maximizar el rol del laicado de la iglesia en el ministerio; pero al mismo tiempo maximizar el rol del pastor en liderazgo. A estas alturas hemos tratado principalmente con el liderazgo; el ministerio vendrá luego.

¿De dónde viene este liderazgo?

Si el fuerte liderazgo pastoral es tan importante para el crecimiento de la iglesia como parece ser, entonces varios están preguntado ahora: ¿Cómo puedo volverme un líder fuerte? Hay tres fuentes principales de liderazgo. Yo diría que es ganado, discernido y aprendido.

El liderazgo es ganado

La prueba final del liderazgo, como he dicho antes, es que hayan seguidores. Debido a que el liderazgo carismático es tan importante para la iglesia, la gente no seguirá automáticamente al pastor tan sólo porque tiene el título. Cuando acepte un llamado para una iglesia existente estará en prueba por un período de tres a seis años. Durante ese tiempo, la gente en la iglesia está en el proceso de decidir una cosa por encima de todo, si usted es o no su siervo. Esto es lo que está detrás de la observación de Lyle Schaller de que los años productivos de un pastorado comienzan alrededor del cuarto, quinto y sexto. Toma todo ese tiempo para ganar el derecho de guiar probando que usted es un siervo.

Una vez que la gente cree que usted es su siervo, ganará todo su amor y confianza. Entonces el cielo será el límite en lo que interesa a sus posibilidades de liderazgo. Paul Yonggi Cho, pastor de la iglesia más grande del mundo, dice: "los miembros de la Iglesia Central del Evangelio Completo me obedecen porque saben que los amo genuinamente". Él continúa diciendo que los cristianos que no respetan a su pastor están equivocados porque "el pastor ha sido ungido por Dios para guiar a las ovejas". Sin embargo, esto no es automático porque el pastor "tiene que mostrar un amor real como el de Cristo por las ovejas antes de que lo sigan sin reservas".[25] Esta es la forma de Cho para decir que el liderazgo debe ser ganado.

El liderazgo es discernido

Al ir estudiando iglesias grandes y en crecimiento, he descubierto que sus pastores al parecer tienen dos de los dones espirituales: fe y liderazgo. Estos están muy cercanamente relacionados. Definí el liderazgo en las páginas anteriores como el fijar metas de acuerdo con el propósito de Dios para el futuro de la iglesia y motivar a otros a contribuir al cumplimiento de las metas. Pero, ¿cómo está un pastor seguro de cuál es el propósito de Dios para la iglesia? A través del don de la fe. El don de la fe es la habilidad especial que Dios da a ciertos miembros del Cuerpo de Cristo para discernir con confianza extraordinaria la voluntad y propósitos para el futuro de Su obra.

Los dones espirituales, en mi punto de vista, no están ordenados o logrados por buenas obras. Ellos son recibidos a través de la gracia de Dios, y nuestra responsabilidad es discernir cuál o cuáles son los dones que Dios nos ha dado. Luego, hay que desarrollarlos y usarlos para Su gloria. Dios escoge a algunos de Sus siervos para darles los dones de fe y liderazgo. Voy a elaborar acerca de cómo ellos trabajan juntos en un proceso de fijar metas efectivamente en un capítulo posterior; pero necesitamos reconocer que ellos existen. El don del liderazgo es mencionado en Romanos 12:8 y el de fe en 1 Corintios 12:9.

El liderazgo es aprendido

No importa dónde esté como líder hoy en día; usted puede ser un líder más fuerte al tomar el entrenamiento apropiado. Si usted tiene el don de liderazgo, necesita desarrollar ese don a su máximo potencial. Y si no tiene el don, aún puede ser un líder razonablemente competente, aunque no será fácil. Su personalidad ha establecido ciertas limitaciones en su habilidad de liderazgo, pero aún su personalidad puede ser cambiada en cierta medida a través de entrenamiento y terapia.

Aprender más acerca de las dinámicas del crecimiento de las iglesia le ayudará también a ser un mejor líder de crecimiento. La experiencia en un campo conlleva una autoridad incorporada. Si su gente ve que tiene los conocimientos para guiar su iglesia al crecimiento, ellos le seguirán. Y este conocimiento está disponible a través de libros, cintas magnetofónicas, seminarios y cursos académicos. De hecho, si usted no se convierte en un mejor líder al leer este libro, me decepcionaré.

NOTAS

1. Richard G. Hutcheson, Jr., *The Wheel Within the Wheel: Confronting the Management Crisis of the Pluralistic Church* (Atlanta: John Knox Press, 1979), p. 54.

2. Lyle E. Schaller, *Effective Church Planting* (Nashville: Abingdon Press, 1979), p. 162.

3. Hutcheson, *Wheel Within the Wheel,* p. 53.

4. Schaller, *Effective Church Planning* pp. 162-163.

5. Hutcheson, *Wheel Within the Wheel,* p. 57.

6. Ibid.

7. Schaller, *Effective Church Planning* p. 163.

8. Robert C. Girard, *Brethren, Hang Loose* (Grand Rapids: Zondervan Publishing House, 1972), pp. 209-210.

9. David Mains, "My Greatest Ministry Mistakes", *Leadership,* primavera, 1980, p. 20.

10. Jackson W. Carroll y Robert L. Wilson, *Too Many Pastors? The Clergy Job Market* (New York: Pilgrim Press, 1980), p. 118.

11. D. Dewayne Davenport, *The Bible Says Grow: Church Growth Guidelines for Church of Christ* (Williamstown, WV: Church Growth/Evangelism Seminar, 1978), p. 35.

12. Jack Hayford, "Servant Leadership", *The Pentecostal Minister,* primavera, 1983, P. 12.

13, Ibid,, p. 13.

14. Jack W. Hayford, *The Church on the Way* (Lincoln, VA: Chosen Books, 1982), p. 22.

15. Gordon MacDonald, "Ten Conditions for Church Growth", *Leadership,* invierno, 1983, pp. 44-48

16. Lawrence O. Richards, *Three Churches in Renewal* (Grand Rapids: Zondervan Publishing House, 1975), p. 44.

17. Hutcheson, *Mainline Churches,* p. 158.

18. Ted W. Engstrom, *The Making of a Christian Leader* (Grand Rapids: Zondervan Publishing House, 1976), p. 23.

19. Para la definición de los veintisiete dones espirituales favor de ver mi libro *Your Spiritual Gifts Can Help Your Church Grow* (Ventura: Regal Books, 1979), pp. 259-263.

20. Martin Goldsmith, *Can My Church Grow?* (London: Hodder & Stoughton, 1980), pp. 55-56.

21. Lyle E. Schaller, *Growing Plans* (Nashville: Abingdon Press, 1983), p. 85.
22. Engstrom, *The Making of a Christian Leader*, p. 78.
23. David A. Womack, *The Pyramid Principle of Church Growth* (Minneapolis: Bethany Fellowship, 1977), p. 90.
24. Ralph H. Elliott, *Church Growth That Counts* (Valley Forge: Judson Press, 1982), p. 82.
25. Paul Yonggi Cho, *Successful Home Cell Groups* (Plainfield, NJ: Logos International, 1981), pp. 94-95.

4

El delicado arte del seguimiento laico

Se nota, al parecer, que muy pocos libros acerca de liderazgo tienen capítulos en seguimiento. De hecho, la palabra *seguimiento* no está siquiera en el diccionario más extenso. Tal parece que la palabra seguimiento está diseñada para ilustrar que mientras los líderes de las iglesias necesitan un seguimiento después de los estudios del seminario, algo así como una instrucción especial, los seguidores del líder no lo necesitan.

Mientras más estudio liderazgo de iglesia, más estoy en desacuerdo con esta suposición. Varios pastores que quisieran guiar su congregación con una buena visión acerca del liderazgo y todo lo que le concierne, no pueden hacerlo por la falta de sensitividad de sus congregaciones como seguidores. Un buen principio para solucionar este conflicto y enseñar a las congregaciones su rol de seguidores es la Biblia. ¿Qué tiene ésta que decir?

Liderazgo y seguimiento en las Escrituras

Cuando la Biblia toca el tema del liderazgo cristiano sostiene un fuerte rol de liderazgo para el pastor. Una de las primeras cosas que descubrirá haciendo un estudio de liderazgo en la Biblia, es que usted no está forzado a cualquier modelo rígido de liderazgo que sea aplicable a todas las iglesias donde fuera. El hecho es que, varios estudiosos han trazado las variaciones en modelos de liderazgo que vemos en las iglesias judías en Jerusalén, y de cómo ellas han cambiado a las primeras iglesias gentiles, y de cómo también continúan cambiando a las iglesias gentiles posteriores. Todas ellas tenían liderazgo "del Nuevo Testamento"; pero eran diferentes.

Las dos palabras en griego más usadas para describir a los líderes era la palabra para anciano, *presbuteros*, de la cual la Iglesia Presbiteriana deriva su nombre; y la palabra para supervisor u obispo, *episkopos*, de la cual la Iglesia Episcopal obtiene su nombre. El anciano es literalmente una persona de edad avanzada, respetada por el público por su madurez y sabiduría. El obispo es aquel que toma supervisión de una iglesia y sirve como su oficial ejecutivo principal. La palabra para pastor, *poimen*, es también usada en el Nuevo Testamento para significar la responsabilidad que un líder de la iglesia tiene por el bienestar espiritual de un determinado grupo del pueblo de Dios. Otros términos son usados tales como *líder* (Romanos 12:8), *Administrador* (1 Corintios 12:28), "aquellos... sobre ti en el Señor (1 Tesalonicenses 5:12), "aquellos que gobiernan sobre ti" (Hebreos 13:7) y "hombres que dirigen" (Hechos 15:22). Ninguno de estos términos es usado en un sentido técnico. Al parecer son intercambiables. En 1 Pedro 5:1-2, por ejemplo, los conceptos de anciano, pastor y obispo se refieren todos a los mismos líderes de la iglesia.

Estoy de acuerdo con Michael Griffiths que dice de la enseñanza bíblica en liderazgo: "La única conclusión general es que, mientras es siempre oficialmente reconocida la autoridad y liderazgo la cual es para ser respetada y obedecida, los títulos actuales usados y los modos de organización son en cierto modo diferentes".[1] Los líderes denominacionales defienden usualmente su propio sistema de gobierno afirmando que son más bíblicos que otros, pero los argumentos son frecuentemente académicos. Hay muchas estructuras de gobierno que tienen apoyo bíblico, porque la Biblia es tan amplia en esto que un solo sistema no puede poseer todo el apoyo bíblico. La única posición con la que no estoy de acuerdo es aquella que dice que hay una *sola* forma de gobierno bíblico y que las demás no son bíblicas o subbíblicas.

Tenga en cuenta que Michael Griffiths mencionó que el liderazgo cristiano intenta "ser respetado y obedecido". Esto es lo que yo llamo *seguimiento*. Cuando miramos un poco más de cerca los pasajes bíblicos claves del liderazgo podemos ver inmediatamente que ambos, liderazgo fuerte y obediente seguimiento son enseñados constantemente.

Para hacer esto, yo quiero identificar los verbos de rol en cuatro pasajes clave de liderazgo. Luego voy a enumerar los verbos que se aplican al pastor o líder de iglesia en una columna y los que se aplican a la gente de la congregación en otra. El primer paso es ver los pasajes con los verbos de rol enfatizados con letras mayúsculas.

Juan 10:2-4 "Mas el que ENTRA POR LA PUERTA, el pastor de las ovejas es. A éste abre el portero, y las ovejas OYEN SU VOZ y A LAS OVEJAS LLAMA POR SU NOMBRE y LAS SACA. Y cuando ha sacado fuera todas las propias, VA DELANTE DE ELLAS; y las ovejas LES SIGUEN, porque CONOCEN SU VOZ".

1 Tesalonicenses 5:12-13: "Os rogamos, hermanos, que RECONOZCÁIS a quienes TRABAJAN entre vosotros, y os PRESIDEN en el Señor, y os AMONESTAN; que los TENGÁIS EN MUCHA ESTIMA y AMOR por causa de su obra. TENED PAZ entre vosotros". Hebreos 13:17: "OBEDECED a vuestros pastores y SUJETAOS a ellos; por que ellos VELAN POR VUESTRAS ALMAS, como quienes han de DAR CUENTA; PARA QUE LO HAGAN CON ALEGRÍA y no quejándose, porque esto no os es provechoso".

1 Pedro 5:2-3: "APACENTAD la grey de Dios que está entre vosotros CUIDANDO DE ELLA no por fuerza, sino voluntariamente; no por ganancia deshonesta, sino con ánimo pronto; NO COMO TENIENDO señorío sobre los que ESTÁN A VUESTRO CUIDADO, sino SIENDO EJEMPLOS de la grey".

Verbos de rol para el pastor.	**Verbos de rol para la congregación.**
El Pastor: entra por la puerta llama sus ovejas por su nombre las conduce fuera va delante de ellas	las ovejas: oyen su voz lo siguen conocen su voz
Aquellos que laboran entre ustedes: laboran están sobre ti os amonestan	Hermandad: lo reconocen lo estiman lo aman están en paz
Aquellos quienes gobiernan: tienen gobierno cuidan de las almas dan cuenta	Creyentes hebreos: obedecen se someten los dejan hacer con regocijo
Los ancianos entre ustedes: pastorear servir como supervisores no enseñorearse ser ejemplos	El rebaño: confiados en el pastor

Toma menos de 30 segundos para observar estas dos columnas y para estar profundamente impresionados con la seriedad del liderazgo bíblico y el seguimiento. La enseñanza del seguimiento ha sido la más afectada por la negligencia en nuestras iglesias, es por eso que lo estoy enfatizando en este capítulo. Una de las razones por lo que pienso así, es que muchos pastores tienen momentos extremadamente difícil enseñando estas especificaciones. Puedo decir muchas cosas en un libro como éste, lo cual será inapropiado para un pastor decirlo a la congregación a menos que haya un trasfondo profundo de mucho entendimiento mutuo. Si un pastor tiene alguna vez que engatusar o suplicar o amenazar una congregación para poder ganar liderazgo, es una indicación de que él no es un buen líder y que probablemente nunca lo será. Como dice John Bisagno: "Usted no tiene que preguntar por el liderazgo...Cuando usted empieza a recordarles que es el pastor, es que ya ha dejado de serlo".[2]

Todo esto no motivó a los apóstoles que escribieron el Nuevo Testamento, a instruir a los cristianos acerca de cómo ser buenos seguidores. Los miembros de la iglesia son "confiados" por Dios a su pastor tal y como las ovejas y el granjero son. Las ovejas no le dicen al pastor dónde ir, ellos confían que el pastor las llevará a verdes pastos. Phillip Keller, un granjero de ovejas y autor del libro de gran demanda *A Shepherd Looks at Psalm 23,* señala que las ovejas "no se cuidan a sí mismas". Él dice: "Ellas requieren, más que cualquier otro ganado, atención sin fin y cuidado meticuloso".[3] El bienestar de las ovejas depende sólo del pastor. "Bajo un hombre", dice Keller, "las ovejas lucharán, pasarán hambre, y sufrirán penurias. Con el cuidado de otros ellas prosperarán y crecerán sostenidamente.[4]

Esto también puede ser aplicado a su iglesia, la cual es llamada "rebaño" por la Biblia. Dios es quien coloca al pastor sobre la iglesia local. Esta es la razón por la cual un pastor usualmente se refiere a "mi llamado a la iglesia". El llamado viene a través de los representantes establecidos de la congregación o a través del obispo dependiendo del caso, pero en cualquier caso la invitación a servir a la iglesia es basada en un factor asimismo indispensable: Que el originador del "llamado" fue Dios. Se presume que Dios conduce a ambos, al pastor y al agente humano a través del cual viene el llamado particular. Esa es la razón por la cual Pedro dice que el rebaño es "confiado" al pastor quien debe servir como "supervisor". Él es el plan de Dios para la iglesia.

Se les ha dicho a los miembros de la iglesia que "reconozcan" a sus pastores. Los pastores no deben ser invitados sólo para servir a la congregación, sino que les debe ser dada la responsabilidad para guiar y la autoridad proporcionada con la responsabilidad. Se les debe dar el título que ellos merecen. Un pastor, amigo muy cercano a mí, ha servido en una iglesia prominente por más de un año con mucha frustración. Recuerdo el día que me dijo con una exasperada sonrisa forzada: "Finalmente alguien se refirió acerca de mí como el pastor principal, el otro día". No es necesario decir que él renunció prontamente. La gente de la iglesia, particularmente los ancianos, no estaban listos para reconocer a su pastor como líder.

Lyle Schaller ve esto como una tendencia moderna. Él dice: "Hemos estado tratando con la devaluación de pastores por veinticinco años".[5] Uno de los síntomas es la tendencia a olvidar los aniversarios de los pastores. Varias iglesias acostumbran celebrar el aniversario del llamado del pastor. Las iglesias negras aún lo hacen; pero las iglesias blancas no lo hacen mucho. Schaller siente que esto ha tenido un impacto psicológico en los pastores, haciendo a los pastores sentir que su rol es menos importante. Yo pienso que esto es verdad, y si lo es, es indudablemente la causa del crecimiento lento en varias iglesias y hasta denominaciones. Además, esto no es bíblico porque a las congregaciones se les ha dicho que reconozcan a sus pastores.

También se les ha dicho que "estimen" a sus pastores. Poca gente reconoce cuán fuerte es este término bíblico: "y que los tengáis en mucha estima" (1 Tesalonicenses 5:13). El comentario de Leon Morris dice: "El adverbio de Pablo 'extremadamente alto' es una palabra compuesta muy expresiva y enfática, encontrada en esta forma precisa sólo aquí, en el Nuevo Testamento".[6] Los corolarios de esto son "obedecer" y "someterse", verbos muy fuertes en nuestros días de antiautoritarismo y en nuestra cultura democrática. Todo esto está para ser hecho, no de mala gana sino "en amor". ¿Usted y sus compañeros miembros de iglesia aman a su pastor? Si no es así, es que algo anda mal verdaderamente, puede que haya algo mal con el pastor, pero también hay una posibilidad igual de que haya algo mal con ustedes. Cuando el amor es prominente, lo demás vendrá, estarán "en paz entre ustedes" y vuestro pastor estará guiando "con regocijo". De acuerdo con Hebreos 13:17, un laico que está causando pesar a su pastor, está fuera de la voluntad de Dios.

¿Por qué las Escrituras deben ir tan lejos para describir el seguimiento cristiano? En el plan de Dios el rebaño es para ser "confiado" al pastor y el pastor está para "dar cuenta". Si Jesús, "el Príncipe de los pastores" (1 Pedro 5:4) volviera hoy día, la primera persona que él llamaría para dar cuenta acerca de su iglesia sería al pastor. Verdaderamente, a cada miembro en particular también se le solicitaría que presente un reporte de sus actividades en la iglesia; pero ninguno (ancianos, diáconos, directores o maestros de escuela dominical) serán llamados ante el pastor. El laicado que toma esto seriamente tiende a desarrollar capacidades apropiadas de seguimiento.

Liderazgo, no señorío

En esta serie de pasajes bíblicos, una advertencia relevante es lanzada por los pastores. Una gran porción de autoridad y de liderazgo es manejada por ellos, pero como los pastores son seres humanos esto puede ser, y es muy frecuentemente, abusado. Pedro dice que los pastores no deben guiar por "coacción", ellos no deben guiar por "ganancias deshonestas", ellos no deben ser "señores" (1 Pedro 5:2-3). Discutiré posteriormente acerca de las ganancias deshonestas. Aquí yo quiero tratar con la posibilidad de que un pastor gobernará con coacción y se convierta en señor en vez de líder.

Esto nos devuelve a un punto del capítulo anterior. Jesús estaba explicando a sus discípulos el dilema entre el liderazgo y el servicio provocado por la solicitud ilegítima de Santiago y de Juan. Cuando Jesús partiera a la gloria, uno de ellos quería estar sentado a su mano derecha y otro a su izquierda. Jesús comparó esta solicitud con la forma en que los gobernantes de los gentiles "gobiernan sobre ellos" y "ejercite autoridad sobre ellos" (Marcos 10:42). En la terminología de Max Weber, ellos querían ser premiados con un liderazgo racional y legal. Jesús lo rehusó y les dijo que el liderazgo cristiano necesitaba ser un liderazgo carismático, y que ellos sólo podrían ganar este reconocimiento a través del servicio.

En el mundo secular, refiriéndose a los "gentiles", la autoridad es ejercitada a través de la coacción del poder. Aquellos que sostienen ciertas posiciones pueden forzar a otros a hacer lo que ellos quieren que hagan. Ellos pueden amenazarlos con despedirlos o degradarlos o con darles un trabajo no placentero o negarles un aumento de salario. Los líderes en el mundo secular encuentran formas y medios de manipular la gente para sus propios fines. Ellos son tiranos. Esto es señorío, no liderazgo, y Jesús dice: "Pero no será así entre vosotros" (Marcos 10:43).

Sociológicamente, las iglesias son asociaciones voluntarias. Espiritualmente, las iglesias son la familia de Dios. Ninguno de los dos permite un tipo coactivo de autoridad de liderazgo. Los pastores que no entienden esto se encuentran en problemas. Ellos necesitan recordar que son siervos, y lo que ellos hagan debe ser con el consentimiento de los seguidores y para su bien. Una relación feliz entre el pastor y la gente es esencial en la iglesia. La gente sabrá intuitivamente de todos modos que el pastor los ama. Esto es un sentimiento producido por el Espíritu Santo mismo dentro de la iglesia. El mundo secular no sabe nada acerca de esto, pero la iglesia no puede continuar sin ella. El pastor Paul Yonggi Cho uno de los más fuertes líderes cristianos que yo conozco, dice: "En nuestra iglesia tenemos 'autoridad con amor'. Si un pastor ama a la gente realmente en su congregación, ellos responderán a su autoridad y obedecerán sus enseñanzas". Esa es la descripción del liderazgo cristiano de Cho. Luego, él va a describir el señorío: "Pero si el pastor trata de ejercitar su autoridad meramente en la fortaleza de su posición o en maniobras humanas, la gente se rebelará y él se verá en problemas".[7] La cosa es que una iglesia que desea crecer necesita orar por un pastor que sea un líder carismático y un siervo. No hay razón para ocultar el hecho de que varios líderes carismáticos no cumplen el requerimiento de servicio y caen en la tentación de convertirse en señores sobre la congregación. Los tipos que son capacitadores por naturaleza no están tentados, usualmente, a seguir estas líneas. Después de estudiar diez de las iglesias que crecen más rápido en Norteamérica, Elmer Towns encontró que ellas estaban caracterizadas por un liderazgo pastoral carismático; pero que la verdadera naturaleza de ese estilo de liderazgo corre el peligro de degenerar en *autoritarismo*. Towns siente que un líder debe ser *autoritativo* sin ser *autoritario*. La diferencia usualmente depende en la localización del poder. "Cuando el pastor recibe autoridad de Dios, será un líder *autoritativo* para su iglesia. Cuando el pastor localiza el poder en su personalidad, él será un líder *autoritario para su iglesia.*[8] *Towns distingue muy bien entre señorío y liderazgo.*

Defendiéndose contra el señorío

Los peligros del señorío, en vez de liderazgo cristiano son claros. Hemos oído numerosas historias de malas experiencias con pastores tiranos, de líderes laicos en casi cada denominación. Algunas congregaciones tienen mala fama a causa de pastores desamorados y manipuladores que ellos han construido, en lugar de elaborar mecanismos de defensa para prevenir que este tipo de situación se repita. Esto estaría bien, pero desafortunadamente los pasos que ellos han tomado han creado usualmente otro problema, han erigido una barrera al crecimiento de la iglesia. En muchos casos la gente nunca se imaginó que habría un resultado negativo de sus acciones, porque ellos están concentrados muy intensamente en resolver el problema inmediato de las relaciones pastor-gente. Al menos tres situaciones comunes se crean con la gente que se defienden contra los pastores que ejercitan señorío en vez de liderazgo. Ellos lo crean cambiando la autoridad de los ancianos a la congregación, y de la congregación a los ancianos. Analicemos uno a la vez.

Creándolo con el siguiente pastor

Me siento mal por los pastores de crecimiento de iglesia que aceptan el llamado de una iglesia que acaba de ser quemada por un pastor tirano insensible y descuidado. El riesgo en una iglesia como esa es alto, especialmente si el nuevo pastor ignora los sentimientos de la gente. Como Elmer Towns observa: "Debido a que unos pastores se inclinan a un extremo, los líderes laicos estropean en el siguiente pastor la habilidad de guiar.... Varias iglesias gustan de maniatar a los pastores con dones y no les dan la libertad de guiar el rebaño".[9]

No hay mayor verdad, que en muchas ocasiones una iglesia necesita un período de sanidad, y durante ese período no se puede esperar mucho crecimiento. Un pastor interino es usualmente muy útil para una iglesia que ha sido herida. Pero nosotros debemos recordar que este libro tiene su enfoque en el crecimiento de iglesia. La tendencia para una iglesia que pasa a través de un proceso de sanidad es enfocar la paz congregacional y la armonía y perder la visión para el crecimiento. "Necesitamos estar mejor antes de estar grandes" es la frase común escuchada en reuniones de consejos directivos. Pero el proceso de volverse mejores nunca termina, y el crecimiento es usualmente olvidado. Las iglesias que se sienten heridas a causa del tipo equivocado de liderazgo fuerte deben buscar el tipo correcto de liderazgo fuerte si van a crecer. Como Elmer Towns dice: "La Biblia reconoce el hombre con dones y enseña que, mientras más grande el hombre más grandes son los resultados".[10] Yo recuerdo escuchar a G.L. Johnson pastor de la Iglesia del Pueblo en Fresno, California, decir: "Si el pastor es un ganador, la iglesia será una ganadora, si el pastor es un perdedor, la iglesia será una perdedora". Esto es verdad, y es una razón por la que las congregaciones que han pasado a través de una situación desafortunada con un pastor necesitan levantarse y confiar en Dios para un líder-siervo sensitivo que también tenga una visión por el crecimiento y sepa cómo tomar el tipo de autoridad que logrará esto.

Cambiando el poder a los ancianos

Cuando un pastor va a reemplazar a otro, suceden de inmediato un conjunto de circunstancias que pueden ser solucionadas muy fácilmente. No tenemos noticia de que algún pastor haya reclamado el siguiente período de pastorado porque lo dice la Biblia. Pero cambiar el cargo, las responsabilidades de un pastor a los ancianos de la iglesia eso sí es otra historia más difícil. En algunos casos ha sido un largo proceso de tiempo de la iglesia y ha sido encasillado en la tradición denominacional. También, algunas iglesias no denominacionales, se encuentran con el problema de que tienen ancianos que no aprecian el liderazgo o no saben cómo enfrentarlo, aunque en los estatutos del reglamento de su iglesia esté escrito. Con el propósito de justificarlo a menudo ha sido teologizado fuertemente y una vez que esto sucede es difícil cambiar.

Las motivaciones básicas para establecer una pluralidad de ancianos como la forma ideal de liderazgo de iglesia son buenas. Primeramente, crea las condiciones para que nadie se constituya en tirano aunque alguno quisiera serlo. En segundo lugar, esto evita el clericalismo en el cual todo el ministerio de la iglesia está orientado a concentrarse en el pastor. En tercer lugar el lado reverso del segundo, apelando a un deseo por liberar el laicado de la iglesia para sus propias áreas de ministerio. Pero yo no puedo estar de acuerdo con esas explicaciones.

Hay un peligro. Si todos los ancianos son líderes, entonces ninguno es líder para dirigir. En teoría, cada anciano tiene autoridad equivalente y hace su contribución de acuerdo a los dones espirituales que Dios les ha dado a cada uno. Algunos enseñarán, otros predicarán, otros administrarán, algunos aconsejarán, otros visitarán el hospital. En varias iglesias de pluralidad de ancianos uno de ellos es designado "pastor-maestro". Esta es la persona que usualmente será referida como el pastor principal en más iglesias tradicionales, pero el título nunca le será otorgado. Tal persona hará, casi invariablemente, la declaración pública "Oh, yo no guío la iglesia, los ancianos lo hacen". Esto suena como una declaración bíblica minuciosa a aquellos quienes han traído al sistema.

Hay varios comentarios que quiero hacer acerca de cambiar el poder en la iglesia, del pastor a los ancianos. Primero, la idea de liberar a toda la gente de la iglesia para hacer el trabajo del ministerio es crucial para el crecimiento de iglesia. Pero esta necesidad no es vista como algo incompatible con un fuerte liderazgo pastoral. Precisamente es en este punto de confundir ministerio con liderazgo donde muchos se han ido por el mal camino. Una de las principales tesis de este libro es que los dos van juntos y que ambos son factores positivos para el crecimiento de las iglesias.

En segundo lugar, la estructura de pluralidad de ancianos es buena para iglesias pequeñas e iglesias que no crecen. Pero al alcanzar la iglesia el momento de crecimiento, se hace más difícil el sistema y se vuelve más disfuncional. Gene Getz de *Fellowship Bible Church* de Dallas, Texas, encontró esto. Ellos empezaron con un grupo de ocho ancianos quienes se reunían regularmente y manejaban la iglesia por consenso. Sin embargo, la iglesia creció tremendamente y pronto fueron cuarenta ancianos. El consenso no fue positivo por más tiempo y Getz ve que en la realidad esto se ha vuelto un "sistema desordenado de votación". Ellos estaban actualmente preguntando, tan sólo, por los votos negativos en vez de los positivos y "no tenían forma de hacer decisiones y salir adelante". Finalmente, decidieron tomar votos y permitir la libertad de estar de acuerdo o en desacuerdo. "Conforme la iglesia va creciendo", dice Getz, "tiene que tomar elementos de centralización (con lo mucho que odio la palabra)".[11] Como he mencionado previamente, mientras más grande la iglesia es más crucial el rol del pastor principal.

En tercer lugar, he observado que casi todas las iglesias de pluralidad de ancianos las cuales están creciendo, un líder superior ha surgido aunque no se esperaba que así fuera. Algunos de los más fuertes líderes que yo conozco dicen: "Yo no guío" y siguen adelante y lo hacen. Hay una discrepancia entre lo teórico y lo práctico. Esto en realidad, debe ajustarse a la teoría de los abogados del liderazgo plural porque uno de los dones espirituales dado, presumiblemente, a algunos de los ancianos es el de "líder" (Romanos 12:8). La palabra griega usada ahí es *proistemi* la cual significa "ir delante". Hay otras palabras griegas que significan "ir al lado"; pero ellas no son esta palabra. Un anciano con el don de liderazgo debe ser liberado para guiar. Michael Harper, quien está de acuerdo con que los ancianos deben gobernar la iglesia, no obstante ve que "si cada sociedad necesita liderazgo y el liderazgo necesita estar en manos de un equipo, entonces cada equipo necesita un capitán". Él no siente que esto viola la pluralidad del principio de ancianos "por un líder que es siempre *primus inter pares*".[12] Gene Getz refuerza esto cuando dice: "lo que altera a mucha gente es el reclamo de algunos de que ciertas iglesias exitosas no tienen tal líder. Yo mantengo todo lo que ellos hacen. Él puede estar "recostado" en estilo; pero él aún guía".[13]

Las Iglesias de Cristo y otras filiales del Movimiento de Restauración son algunas de las que abogan más fielmente a la pluralidad de ancianos. Esa es la razón por la cual me sorprendí cuando leí lo que uno de sus líderes, D. Dewayne Davenport tenía que decir acerca de liderazgo en uno de sus libros titulado *The Bible Says Grow: Church Growth Guidelines for Church of Christ.* Davenport admite que lo que él dice "puede verse controversial para varios lectores", pero él observa que hay un consenso entre los investigadores de la Iglesia de Cristo de que un factor principal del no crecimiento es el liderazgo. Aunque "seamos nosotros algunos de los más grandes hombres de la tierra como ancianos, diáconos y predicadores en las Iglesias de Cristo". Él sugiere que el problema quizás no esté mucho en las personas mismas como en las estructuras organizacionales.

Así que su conclusión es que en los días modernos las indicaciones estructurales elaboradas por los fundadores del Movimiento de Restauración no han sido seguidas y varias de las iglesias de hoy en día están fuera del camino. "El lugar principal donde saltamos del camino", asegura Davenport, "es en el rol del predicador y su relación con los ancianos. La Biblia enseña que el ministro-predicador es para tomar la guía de la congregación local".[14] El ministro-predicador de Davenport es por supuesto, la persona que en la mayoría de la iglesias tradicionales lleva el título de pastor principal, pero que ese título no es aceptable en su denominación. O ellos tienen el título o las iglesias que están creciendo no tienen líder. Davenport dice: "Sólo mira alrededor y observa qué iglesias están creciendo, entonces echa una mirada al liderazgo del líder. En una congregación que está creciendo, encontrarás ancianos de Dios quienes están dispuestos a dejar al predicador convertirse en el líder que Dios tiene intención que sea".[15]

El sistema de pluralidad de ancianos funcionará para iglesias grandes que estén creciendo mientras tengan a uno que los dirija. Los presbiterianos creen en la pluralidad de ancianos, pero uno de ellos es el anciano maestro llamado el pastor quien es designado moderador del consistorio. Aquellos ministros presbiterianos quienes son también líderes fuertes saben cómo usar esta posición para el beneficio de la iglesia. Tenga en cuenta de que los ancianos son también líderes en una administración de término medio. El pastor delega importantes responsabilidades de liderazgo a los ancianos. Pero hay sólo un líder principal en la organización. Como Davenport dice: "¿Esto significa que los ancianos son inferiores al predicador? No del todo. Simplemente, ellos le dejan tomar el liderazgo". Entonces él muestra cómo el Madison Church of Christ, en Madison, Tennessee, se ha convertido en la iglesia más grande en su hermandad por una razón: "Los ancianos de Madison no piensan que ellos están sobre o son superiores a su predicador. Para ellos la obra de Dios es una sociedad. Ellos saben que Dios ha dado a Ira North el don del liderazgo y le permiten usarlo".[16]

Cambiando el poder a la congregación

Otra forma histórica de evitar la posibilidad de que el pastor principal se convierta en un tirano y ejercite señorío en vez de liderazgo es cambiar el poder del pastor a la congregación. La idea de una congregación guiando la iglesia logra un gran progreso en Norteamérica con sus ideales democráticos. Varias denominaciones tales como los Congregacionalistas y Bautistas, siguen el principio de que la entidad que efectúa la decisión final es la congregación. El pastor sirve a pedido de la congregación, y en algunos casos es un recuerdo de esto el voto anual para ver si su llamado será renovado por un año más.

Yo soy congregacionalista y he sido capaz de observar el sistema de una manera ciertamente justa. Yo encuentro que el movimiento congregacional está bien para iglesias pequeñas y poco complicadas. Esto provee la oportunidad de llevar un balance de una forma tal que no se pueda abusar del poder. Pero conforme la iglesia va creciendo se vuelve más y más difícil de manejar. Así como varias iglesias congregacionales crecen, tienden a multiplicar las juntas y los comités *ad infinitum.* Si no se mantienen en observar esto continuamente, cada junta o comité puede ganar autoridad para hacer regulaciones para toda la iglesia, y muchas de éstas en áreas superpuestas de la iglesia. La falta de liderazgo arrastra a toda la iglesia. La reunión congregacional en las iglesias congregacionales grandes es usualmente la más aburrida reunión en el programa porque las regulaciones ya han sido hechas en varios otros centros de poder y la congregación es sólo el sello de goma formal. En algunos es prácticamente imposible tener *quórum* ni siquiera para la reunión de negocios.

El poder del liderazgo desde entonces ha sido desviado de la congregación en las iglesias congregacionales grandes. ¿Dónde está localizado? En muchas de las iglesias que ya no están creciendo es en una o más juntas o comités. A veces es en el comité de nominación. A veces en los administradores. A veces en una red informal de liderazgo que se canaliza a través de ciertas personalidades. Por otra parte, en las iglesias congregacionales *las cuales están creciendo,* el poder está usualmente en el pastor. El pastor desde entonces ha descubierto cómo mantener la integridad del gobierno congregacional formal mientras funciona como un líder fuerte.

En cualquier estructura de gobierno de iglesia la congregación necesita una intervención sustancial. Esto puede venir a través de reuniones anuales, reuniones trimestrales o una representación elegida. En mi opinión la estructura ideal para iglesias grandes y que están creciendo, es un cuerpo gobernante; con el pastor sirviendo como director de la junta. Si la junta es representativa de la congregación como un todo, el pastor puede mantenerse en contacto con los sentimientos de la gente a través de la junta. A causa de largas tradiciones contrarias esta estructura no es siempre posible en ciertas denominaciones, aunque es ideal. Lyle E. Schaller sugiere que en las iglesias grandes el cuerpo gobernante contenga no más de 24 miembros, y si tiene más se debe formar un comité ejecutivo fuerte para facilitar el proceso de hacer decisiones.[17] Así como puede haber abuso de poder en las manos del pastor, también puede suceder en manos de la congregación. Muchas ilustraciones de esto son dadas cuando el pueblo de Israel se rebeló contra su líder, Moisés. En uno de los incidentes, la rebelión de Corán, una delegación oficial representando a la congregación vino a Moisés y Aarón. Aquí está su lógica: "¡Basta ya de vosotros! Porque toda la congregación, todos ellos son santos, y en medio de ellos está Jehová ¿Por qué pues os levantáis vosotros en medio de la congregación de Jehová?" (Números 16:3). La respuesta obvia a la pregunta retórica fue que Moisés mismo no se sobrepuso sobre la congregación sino que Dios lo puso. Es lo mismo con el liderazgo legítimo de la iglesia local. "Él mismo constituyó a unos... pastores... a fin de perfeccionar a los santos para la obra del ministerio" (Efesios 4:11-12). Los pastores son pastores porque Dios los ha hecho pastores. Las congregaciones, aun aquellas que tienen un gobierno congregacional, necesitan reconocer esta verdad bíblica.

Libertándose de un pastor

He mencionado revisiones y balances varias veces. Mientras creo en un fuerte liderazgo pastoral, no creo en el liderazgo autocrático. El pastor debe ser responsable ante la congregación directa o indirectamente porque él es un siervo de la congregación. Los pastores se referirán frecuentemente a "la iglesia que *sirvo*". El liderazgo efectivo puede ser sustentado solamente si hay un entendimiento mutúo claro que el pastor conozca, entienda, y actúe en concordancia con las necesidades y deseos de la congregación.

A veces le va mal al pastor. Puede llegar a poseer una conducta no ética y hasta llegar a ser inmoral. Tomar excesivo poder y desinterés por los sentimientos de la congregación pueden causar diferencias irreconciliables entre el pastor y la congregación. En este punto la analogía del pastor se rompe. Si de alguna manera ovejas literales caen bajo el cuidado de un pastor irresponsable, ellas pueden enfermarse, morir, o ser devoradas por bestias salvajes. Esta tragedia no tiene necesariamente que llegar al pueblo de Dios. Ellos tienen la habilidad de reconocer al líder, quien por una razón u otra, no pueden seguir. Si la iglesia va a crecer el líder necesita ser cambiado. En algunas denominaciones las autoridades judiciales o la denominación pueden ayudar a despedir al pastor. En otras iglesias, la responsabilidad está tan sólo en los miembros de la congregación. Por poco placentera que esta tarea pueda ser, debe ser hecha y mientras más rápido mejor.

¿Es el liderazgo fuerte la forma americana?

Dondequiera que los estudios de crecimiento de las iglesias sean hechos, se van a presentar preguntas de rasgo cultural. A este punto el contenido de este libro ha sido dirigido hacia una audiencia norteamericana con la mayoría de ilustraciones y aplicaciones norteamericanas. Sin embargo, mi campo es el del crecimiento internacional de la iglesia, y de la misma forma, a través de los años he estado interesado en evaluar hipótesis de liderazgo en otras culturas. Por algo parece ser que si el liderazgo pastoral fuerte es tan bíblico como yo lo he estado considerando, este debe ser un principio transcultural. Yo supongo que hay excepciones así como la hay para cualquier otro principio de crecimiento de iglesia; pero en el todo, la evidencia de otras partes del mundo es que el liderazgo fuerte también ayuda a crecer a las iglesias ahí.

Mientras discuto el crecimiento de iglesia me encuentro usando más y más ilustraciones de Corea. Corea es uno de los puntos luminosos del crecimiento de iglesias alrededor del mundo en estos días. Las más grandes iglesias Metodistas, Presbiterianas y de las Asambleas de Dios en el mundo están en Corea, y espero que iglesias de otras denominaciones sigan el camino. La Iglesia Central del Evangelio Completo, pastoreada por Paul Yonggi Cho y con 300.000 miembros es la más grande del mundo. Cho aparece regularmente en la TV norteamericana y algunos de sus libros están disponibles en español. Él es el representante de los pastores coreanos, esta indicación suena fuerte, pero es así, porque todos los coreanos responden bien al fuerte liderazgo pastoral.

Me he referido ya a la observación de Martín Goldsmith que en las unidades políticas, industriales y sociales japonesas; una estructura de tipo pirámide con liderazgo poderoso a la cabeza, es considerada apropiada. Y él sugiere que un fuerte, y hasta autocrático, liderazgo puede ser bueno para el crecimiento de la iglesia japonesa.[18] Esto es reforzado por la disertación doctoral de John Merwin acerca de la Iglesia de Santidad en Japón. Merwin dice: "Como con todas las iglesias que están creciendo en Japón, los pastores capaces son el factor clave".[19] Y Lavern Snider, después de estudiar ocho iglesias que están creciendo en Japón, dice: "En cada una de las iglesias el pastor juega un rol prominente, de líder espiritual y administrativo. Un progreso de la congregación refleja usualmente el tipo de liderazgo dado por el pastor".[20]

Otras ilustraciones pueden ser breves. Allen Swanson dice que en Taiwan: "Cuando Dios quiere construir su iglesia, Él siempre comienza con un hombre, un hombre con una visión y una carga, un hombre con un profundo deseo de honrar al Señor, una pasión para guiar a otros a Él y para seguir los principios de crecimiento de iglesia encontrados en el Nuevo Testamento".[21] Clarence Lim, en un estudio de crecimiento de iglesia en Singapur dice: "El factor importante que determina el crecimiento de la iglesia o su declinación es su liderazgo".[22] De Guatemala, Mardoqueo Muñoz dice: "El rol del pastor es excesivamente crucial en la vida de la iglesia".[23] Gordon Moyes, pastor de la iglesia más grande de Australia, la Misión Central Wesley en Sydney, afirma que "el ministro es la persona clave en una iglesia que está creciendo... todas las iglesias que están creciendo tienen un fuerte ministerio".[24]

Pero de vuelta a los Estados Unidos con el grande y creciente número de grupos étnicos en Norteamérica, uno necesita preguntar si el liderazgo pastoral fuerte es típico de nuestras iglesias anglo-americanas o si esto tiene sentido para otros grupos. Se ve que un fuerte liderazgo pastoral nunca ha sido una pregunta en las iglesias norteamericanas negras. Joseph H. Jackson quien fue presidente de la más grande denominación negra por casi treinta años, dijo que una razón de su longevidad fue su respeto por los pastores. "Cada pastor es un rey", dijo Jackson "y usted no puede causar problemas a su corona". En un libro excelente en administración de iglesias negras Massey y Mckinney dicen: "El pastor es el comandante en jefe en virtud de su llamado por parte de Dios y del pueblo, y a veces en virtud de su entrenamiento. Para el pastor, no asegurarse a sí mismo es un símbolo de debilidad. El pastor 'humilde' en años pasados encontró a menudo que las riendas del liderazgo han sido removidas de él".[25] Reportes similares, aunque quizás no tan fuertemente mencionados, vienen de otros grupos étnicos norteamericanos.

Un cuerpo creciente de evidencias parece confirmar la noción de que a causa de que el liderazgo pastoral fuerte y el seguimiento laico comprometido son enseñanzas bíblicas, ellas juegan roles claves en crecimiento de iglesia alrededor del mundo.

Teniendo a la congregación lista para crecer

Si el pastor está listo para guiar y la congregación está lista para seguir, la iglesia tiene un alto potencial de crecimiento. Sin embargo usualmente el crecimiento no ocurre por sí solo, y uno de los pasos para que ocurra es poner a la congregación en el humor para el crecimiento.

La primera cosa que se debe hacer es tomar cuenta de cuán lista está la congregación para crecer. Lyle Schaller nos ha dado algunas sugerencias útiles de herramientas de medida. Aquí hay cuatro que puede usar fácilmente:

Medir la tenencia media de miembros. ¿Cuánto tiempo, en promedio, ha pertenecido la gente a la iglesia? Si es menor de siete años están en buena posición para crecer. Pero si es más de doce años el crecimiento no será fácil. Medir la tenencia media para el laicado que ha emergido como los que elaboran las regulaciones o que las legitimizan. Si ellos han estado en la iglesia más tiempo que el promedio de los miembros, este es un signo de que la gente nueva no está siendo absorbida dentro de la iglesia tan bien como podría serlo. Se necesitará más trabajo para el crecimiento.

Medir tendencias de asistencia al servicio de adoración. Si las tendencias son a incrementar, el crecimiento será más fácil.

Medir la edad de la institución. Mientras más vieja sea la iglesia, se requerirá más esfuerzo dirigido a un programa de crecimiento.[26]

Los resultados de estas mediciones simplemente le darán alguna indicación de lo que viene adelante. Ellos no son para ser usados para predecir el crecimiento o el no crecimiento, sino para obtener la amplitud de la tarea. Aun si las respuestas muestran tendencias negativas hacia el crecimiento, la situación puede ser cambiada. Yo tengo tres sugerencias con relació a la preparación de la congregación para el crecimiento:

Estar seguros de que la congregación conoce su propósito

No ser egoísta es correcto en la esencia de la vida cristiana. La gente cristiana necesita ser recordada de que si disfrutan su relación con Cristo y unos con otros, ellos deberían realizar la evangelización externa y compartir esa bendición con otros. En el primer capítulo yo argumenté fuertemente por una razón fundamental bíblica y teológica de por qué las iglesias deben crecer. Comuniquen esto a la gente a través de sermones y a través de la enseñanza en la escuela dominical y en otros grupos. Muestre a su congregación algunos de las varias y excelentes películas acerca de crecimiento de iglesia por un período de tiempo.[27] Dedique algo de tiempo, uno por uno con las personas clave que influencian las opiniones de la congregación, hablando acerca de los planes de largo alcance de la iglesia.

Es muy fácil para una congregación el sentirse sumamente confortable consigo misma y con el status quo. Una de las responsabilidades del pastor es persuadir a tal complacida congregación de que Dios desea mucho más de ellos.

Estar seguros de que ellos están en contacto con Dios

El crecimiento de la iglesia no sucede meramente como el resultado de esfuerzos humanos. Jesús dijo: "Construiré mi Iglesia". Él es aquel quien lo está haciendo, usando a los humanos como sus instrumentos. Es por lo tanto necesario que la gente de la iglesia esté en contacto cercano con Dios, y es la responsabilidad del pastor ver que esto suceda.

En algunas iglesias habrá un número significante de miembros de la iglesia quienes no están comprometidos con Cristo. Son parte de la vida de la iglesia; pero ellos nunca nacieron de nuevo. Pueden saber acerca de Dios; pero ellos realmente no lo conocen. Ellos no están en contacto personal con el poder del Espíritu Santo. Guiar a tales personas a un compromiso completo con Jesucristo necesita ser un punto de alta prioridad cuando es un problema.

Presumiendo que la gente en la iglesia se relaciona con Jesucristo como su Salvador personal y Señor, cultive una vida de oración por los que no están en la iglesia. Diré más acerca de la formación espiritual en un capítulo posterior, pero mencionaré ahora que parece ser una alentadora tendencia en los Estados Unidos hacia una más activa y significativa vida de oración entre la gente cristiana. Mientras se necesita hacer más investigación para determinar la relación de la oración con el crecimiento de iglesia, la mayoría de los líderes de crecimiento de iglesia tienen fuertes sentimientos intuitivos que hay más relación causa-efecto de lo que pensamos.

Estar seguros de que su moral es alta

El pastor Charles Mylander de la Iglesia *Rose Drive Friends* en Yorba Linda, California, dice que "la moral alta es esencial para una iglesia que está creciendo". Mis observaciones confirman esto. Hay una electricidad en una iglesia que está creciendo que simplemente no está presente en iglesias estancadas o que no crecen. Mylander señala también que el efecto es cíclico: "Una alta moral conduce a una iglesia creciente, la cual resulta en una más alta moral, la cual alienta más grande crecimiento y así sucesivamente".[28] Sus tres principios de construcción moral son dignos de ser tenidos en mente. Primero, la moral se construye a través de un contagioso sentido de expectación. Una relación de amor, respeto y entusiasmo entre el pastor y la gente está en el corazón de esto. En segundo lugar, la moral se construye a través de una serie de buenas experiencias. La falta de egoísmo de la gente está reflejada en dar y esto es una parte clave. Finalmente, la moral se construye a través de la capacidad dada por Dios. Señalar metas y alcanzarlas produce una actitud altamente contagiosa hacia el crecimiento.[29]

Ministerio laico y potencial de crecimiento

El escenario, presumiblemente, está listo. El pastor es un líder fuerte que quiere que la iglesia crezca y está dispuesto a pagar el precio. La gente de la congregación sabe de su rol bíblico de seguimiento y está dispuesta a permitir a su pastor que guíe. La congregación como un todo está motivada para crecer. Ahora viene el trabajo difícil.

La contribución máxima del laicado al crecimiento de la iglesia puede ser sumarizada en una palabra: Ministerio. Esto es enseñado claramente en la Biblia. Pastores con otros líderes tales como apóstoles, profetas, evangelistas y maestros, fueron dados a la Iglesia por Dios para la función específica de "equipar a los santos para el trabajo del ministerio" (Efesios 4:12). Los santos, por supuesto, son el pueblo de Dios, los miembros de la iglesia. Se supone que cada miembro de la iglesia debe ser un ministro activo. Esa es la razón por la cual prefiero la palabra *pastor* para la persona que guía la iglesia en vez de *ministro*, aunque no quisiera discutir con la terminología de alguno en este punto. Pero bíblicamente no debemos pensar de la iglesia como un grupo con uno o dos ministros, sino como un grupo en el cual *cada uno* es un ministro.

Observe en el mismo pasaje bíblico que el propósito del ministerio es "edificar el cuerpo de Cristo" (Efesios 4:12). Edificar significa construir. La iglesia es construida en calidad y en cantidad. Veo esto al decir que los pastores deben guiar y la gente debe ministrar de tal manera que la iglesia crezca.

Esta enseñanza bíblica es encontrada en medio del pasaje bíblico acerca de los dones espirituales. No pienso que hay alguna dimensión de la vida cristiana que una más efectivamente las enseñanzas de la Escritura con las actividades de cada día del pueblo de Dios, que los dones espirituales. Es con sus dones espirituales con los que el pueblo de Dios ministra. Por lo tanto, si un pastor está guiando una iglesia al crecimiento una de las metas esenciales de ese liderazgo es el estar seguro de que cada miembro de la iglesia descubra, desarrolle y use su don o dones espirituales.

Mientras la iglesia está sujeta a varios principios de administración humana organizacional, es mucho más que una mera organización humana. Es el Cuerpo de Cristo. Es un organismo con Jesucristo como Cabeza y cada miembro funciona con uno o más dones espirituales. Dios no trae gente al Cuerpo de Cristo para ser espectadores. Él espera que ellos participen en la vida y trabajo de la iglesia tal y como varios miembros de nuestros propios cuerpos físicos contribuyen al bienestar del todo.

No está en nuestras manos como cristianos ordenar los dones que quisiéramos tener. Dios, por Su gracia y Su sabiduría, decide quién es cada miembro del cuerpo y Él nos da los dones de acuerdo a lo que necesitemos. Por lo tanto, nuestra primera responsabilidad es descubrir nuestros dones. Recursos para ayudar a esto se encuentran cada vez mas disponibles a medida que los líderes se van dando cuenta del valor de los laicos en sus iglesias descubriendo sus dones. Varias denominaciones tienen ahora materiales para descubrir los dones los cuales están designados para ser compatibles con la filosofía de ministerio de la denominación en particular. Hay también varios recursos no denominacionales. Siento grandemente el hecho de haber dado gran parte de mi propio ministerio para desarrollar recursos que ayuden a descubrir, desarrollar y usar sus dones espirituales. Uno es el libro titulado *Your Spiritual Gifts Can Help Your Church Grow* (Regal Books). Difícilmente pasa una semana en la que no reciba una carta de alguien diciéndome lo mucho que el libro le ha ayudado para un ministerio significativo en la iglesia. También he diseñado un taller de dones espirituales de seis horas, el cual cualquier pastor o hasta laico con el don de la enseñanza puede usar para ayudar a un grupo a descubrir sus dones espirituales. Use el Cuestionario de 125 preguntas en el folleto "Cómo hallar sus dones espirituales" (Editorial Unilit) el cual ayuda a ver dónde Dios podría haberle dotado basado en su experiencia pasada. Estos recursos están disponibles en el Instituto de Evangelización y Crecimiento de Iglesia Charles E. Fuller, Departamento 352.230, P.O. Box 91990, Pasadena, California 91109-1990 EU.

En varios casos sólo con ayudar a la gente a descubrir, desarrollar y usar sus dones espirituales ha hecho la diferencia entre el crecimiento y el no crecimiento de una iglesia. Este no siempre es el caso, diría prontamente. El crecimiento de la iglesia es complejo hay siempre varios factores que deben trabajar juntos para el crecimiento. Los dones espirituales de la enseñanza no son medicina patentada para iglesias enfermas, aunque pudiera ser muy útil para muchas de ellas. Sin embargo, ayuda en gran manera.

Para poder ver la dinámica de los roles de ministerio considere los diagramas de la figura 2.

ROLES DEL MINISTERIO PASTORAL

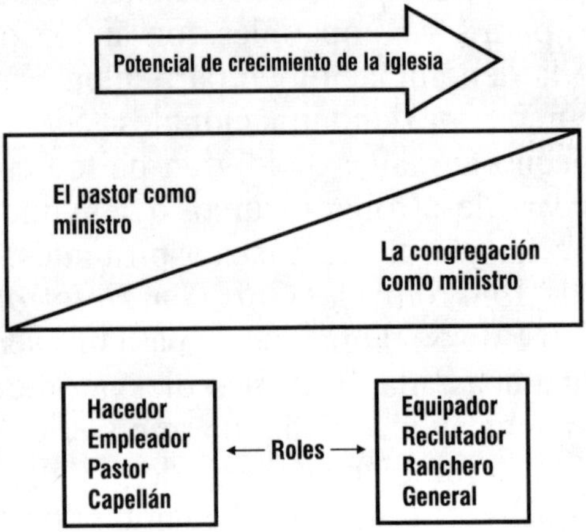

Figura 2

En la izquierda del diagrama el pastor es el ministro. Esto significa que se espera que el pastor haga todo excepto sentarse en las bancas durante el servicio de adoración. El pastor es el que se supone debe guiar a la gente a Cristo, aconsejar a los creyentes que tienen problemas, visitar a los enfermos en los hospitales y las casas, monitorear la vida espiritual de cada creyente, dar las gracias en las cenas de la iglesia, publicar el boletín y la revista de noticias, pagar las cuentas, hacer llamadas pastorales a cada hogar cada año, escribir cartas a los visitantes, levantar el presupuesto, mantenerse en contacto con los estudiantes universitarios y el personal militar, distribuir comida a los necesitados en Navidad, así como predicar cuarenta y ocho sermones por año. Cuando una iglesia está muy inclinada a la izquierda, a la falla de cualquiera de estos deberes es seguro que se levantará el comentario: "¿De cualquier modo, para qué le estamos pagando al pastor?"

El potencial de crecimiento de la iglesia a la izquierda, donde se espera que el pastor haga el ministerio de la iglesia, es excesivamente bajo y no pasará la barrera de los 200. Puede trabajar en iglesias pequeñas; pero la iglesia descubrirá que tiene pocas posibilidades de crecer.

El potencial de crecimiento crece al moverse hacia la derecha donde el pastor hace en realidad, menos y menos del ministerio de la iglesia. Esto no significa que se está burlando de la iglesia. Significa que la gente en la congregación decide convertirse en ministros a través del uso de sus dones espirituales. Conforme la gente descubre sus dones de enseñanza, exhortación, servicio, misericordia, sanidad, evangelización, hospitalidad, liberalidad, administración y otros más, el cuerpo toma vida. La iglesia crece.

Al decir que el pastor ministra menos y menos, no quiero decir que el pastor no está usando sus dones espirituales. Si el pastor tiene los dones de fe y liderazgo serán usados hasta el extremo. Usualmente, el don de la enseñanza también estará ahí y el pastor será más un "equipador" para el ministerio que un "hacedor" del ministerio, como está indicado en los cuadros del diagrama. En vez de ser percibido por la congregación como su "empleado" para hacer su trabajo, el pastor es visto como un "reclutador" de otros para hacer lo que necesita ser hecho en la iglesia. Y, así como he señalado en un capítulo anterior, al ir la iglesia creciendo, particularmente a través de la barrera de los 200, el pastor debe funcionar más como un "granjero" y menos como un "pastor". Usando una analogía militar, en la izquierda el pastor sirve como "Capellán". Esto es, que él se ocupa de las necesidades religiosas tales como bautismos, matrimonios, funerales, y discursos públicos pero no tiene un rol de liderazgo. En la derecha, sin embargo, el pastor es el "general", el oficial al frente.

El pastor y la congregación en armonía

Es tiempo ahora de considerar lo que se discutió en el capítulo anterior, acentuando al pastor como líder y equipador, y lo que ha sido enfatizado en este capítulo, enfatizando a los laicos como seguidores y ministradores.

Viendo los dos diagramas juntos, nos dan una perspectiva del todo. En la figura 3 la flecha de crecimiento potencial va a la izquierda, hacia el pastor. En la figura 4 va a la derecha, hacia la congregación. La responsabilidad principal del pastor para el crecimiento es guiar y la de la congregación es hacer el trabajo del ministerio. Aunque mantener la relación apropiada entre los dos no resolverá cada problema de crecimiento para cada iglesia, ciertamente ayudará a liberar tremendas oportunidades para el crecimiento en varias iglesias que en el presente están atascadas en relaciones bien difíciles entre el pastor y la congregación.

ROLES DEL MINISTERIO PASTORAL

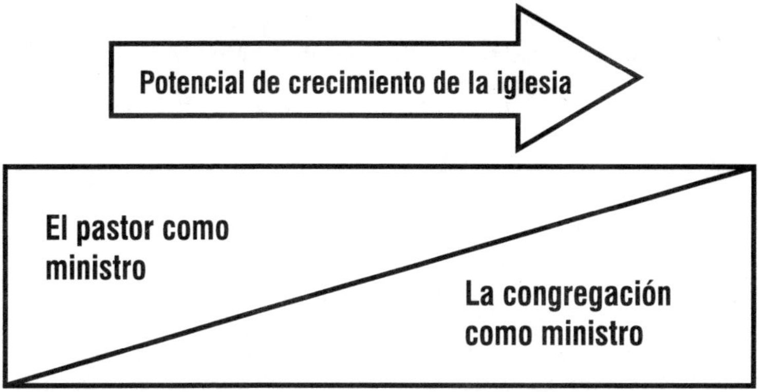

Figura 3

ROLES DEL MINISTERIO PASTORAL

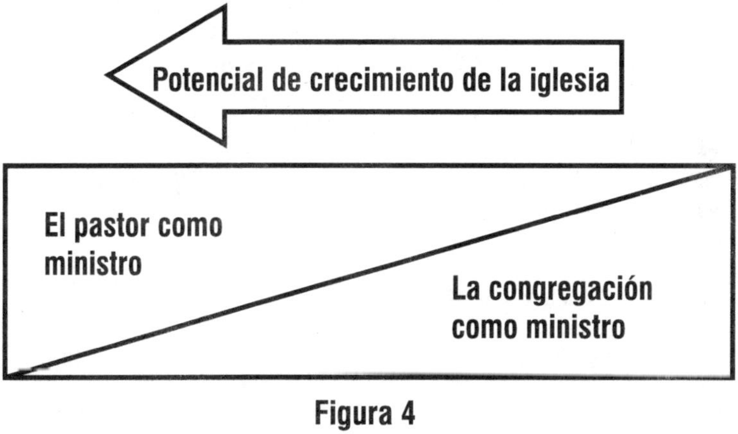

Figura 4

NOTAS

1. Michael Griffiths, *The Church and World Mission* (Grand Rapids: Zondervan Publishing House, 1982), p. 63.

2. John R. Bisagno, *How to Build an Evangelistic Church* (Nashville: Broadman Press, 1971), p. 19.

3. Phillip Keller, *A Shepherd Looks at Psalm 23* (Grand Rapids: Zondervan Publishing House, 1970), pp. 20-21.

4. Ibid., p. 17.

5. "The Changing Focus of Church Finances", entrevista con Lyle E. Schaller, *Leadership,* primavera, 1981, pp. 14-15.

6. Leon Morris, *The First and Second Epistles to the Thessalonians* (Grand Rapids: Wm. B. Eerdmans Publishing Co., 1959), p. 167.

7. Paul Yonggi Cho, *Successful Home Cell Groups* (Plainfield, NJ: Logos International, 1981), p. 94.

8. Elmer L. Towns, *America's Fastest Growing Churches (Nashville: Impact Books, 1972), p. 215.*

9. Ibid.,

10. Ibid.,

11. "A Biblical Style of Leadership?" debate entre Larry Richards y Gene Getz, *Leadership*, primavera, 1981, pp. 72-74.

12. Michael Harper, *Let My People Grow: Ministry and Leadership in the Church* (Plainfield, NJ: Logos International, 1977), p. 212.

13. "A Biblical Style of Leadership", p. 77.

14. D. Dewayne Davenport, *The Bible Says Grow: Church Growth Guidelines for Church of Christ* (Williamstown, WV: Church Growth/ Evangelism Seminar, 1978), p. 33.

15. Ibid. p. 34.

16. Ibid.

17. Lyle E. Schaller, *The Multiple Staff and the Larger Church* (Nashville: Abingdon Press, 1980), p. 27.

18. Martin Goldsmith, *Can My Church Grow?* (London: Hodder & Stoughton, 1980), pp. 55-56.

19. John Jennings Merwin, "The Oriental Missionary Society Holiness Church in Japan 1901-1983" (Ph. D. disertación, Fuller Seminary School of World Mission, Pasadena, Calif., 1983), p. 543.

20. K. Lavern Snider, *It's Happening in Japan Today: The Story of 8 Growing Churches* (Osaka: Japan Free Methodist Mission, 1980), p. 141.

21. Allen L. Swanson, *I Will Build My Church: Ten Case Studies of Church Growth in Taiwan* (Taiwan: Taiwan Church Growth Society, 1977), p. 12.

22. Clarence Lim, "Leadership Development and Church Growth" (manuscrito no publicado, 1982), p. 28.

23. Mardoqueo Muñoz, "Señales y Maravillas en la Vida e Historia del Presbiterio Central..." (manuscrito no publicado, 1983), p. 14.
24. Gordon Moyes, *How to Grow an Australian Church,* 2nd ed. (Australia: Vital Publications, 1978), p. 45.
25. Floyd Massey y Samuel Berry McKinney, *Church Administration in the Black Perspective* (Valley Forge: Judson Press, 1976), p. 35.
26. Lyle E. Schaller, "Measuring Resistance and Receptivity to Church Growth", *Church Growth: America,* mayo-junio 1981, pp. 4-8.
27. Estas películas están disponibles: Institute for American Church Growth, 709 E. Colorado Blvd., Suite 150, Pasadena, CA 91101.
28. Charles Mylander, *Secrets for Growing Churches* (San Francisco: Harper & Row Publishers, 1979), p. 2.
29. Ibid., pp. 7-25.

5

¿Por qué Bill Bright no es su pastor?

Una clave importante para estilos de liderazgo de iglesia puede ser encontrado en analizar algunas de las diferencias esenciales entre las iglesia y las organizaciones paraeclesiásticas. Desafortunadamente estas diferencias esenciales no están bien conocidas porque no han sido discutidas muy frecuentemente ni en la literatura de teología pastoral ni en el aula de clases del seminario.

Estoy usando los términos *iglesia* y *paraeclesiástica* vagamente. Como explicaré, no me gustan mucho porque pienso que ambas estructuras son parte de la iglesia en el sentido completo de la palabra. El implicar por la terminología que una estructura es realmente una iglesia mientras que la otra es algo que en realidad no es iglesia es, en mi opinión, enfocar la diferencia de las dos en una cualidad no esencial. Las diferencias esenciales son algo más. Pero yo uso las palabras fuera de la capitulación al excesivo uso popular y corriente.

Modalidades y cofradías

Hace unos pocos años, mi buen amigo Ralph D. Winter, hoy director del Centro de Misión Mundial de los Estados Unidos en Pasadena, California, vino con una serie de términos que nos permitió ser muchos más precisos que iglesia y paraeclesiástica, llamándolos *modalidad* y *cofradía*. Algunos han sugerido que como modalidad y cofradía son palabras de tipo esotérico, es mejor llamarlas *estructuras congregacionales* y *estructuras misioneras*. De cualquier forma (y yo voy a usar ambos juegos de términos), cuando empezamos a entender las diferencias fundamentales entre modalidades y el liderazgo éstas demandan en un lado cofradías, y en el otro lado liderazgo. Nosotros también entenderemos una razón más por que algunas de las más grandes iglesias del mundo son capaces de crecer en la forma en que lo hacen.

Las palabras fueron tomadas de diferentes fuentes. *Modalidad* está en el diccionario, pero es usada en los campos de antropología, música, lógica, y medicina. No está relacionada tradicionalmente con religión. Pero Winter, un antropólogo por entrenamiento, adoptó la palabra para referirse a lo que conocemos como estructura congregacional. *Cofradía* está también en el diccionario para referirse a una asociación o hermandad tal como una orden Católico Romana, y esa es la forma en la que la estoy usando aquí. Una cofradía es una estructura de misión.

Es útil ante todo pensar en cómo se ven las estructuras de modalidad y cofradía en el mundo secular.

La modalidad en el mundo secular es la ciudad o la estructura municipal. Podría ser también el estado o la nación o hasta las Naciones Unidas, pero la ciudad es más cercana al hogar y más fácil de entender. La naturaleza esencial de la ciudad es que es una *estructura orientada a la gente*. Los miembros de la ciudad son nacidos en ella, ellos no tienen que solicitar el unirse a ella. Cuando la gente se muda a una ciudad y toma residencia, ellos son miembros automáticamente, y obtienen un voto en los asuntos de la ciudad. Las obligaciones para membresía son muy pocas. Recuerdo una reciente elección de miembros del concilio de la ciudad de Los Ángeles en la cual sólo 15% de los votantes registrados participaron. La vasta mayoría no ejerció ni siquiera la mínima obligación por ser un miembro de la ciudad, pero no fueron presionados a ello. La disciplina es relativamente baja, pocos van a la cárcel, relativamente hablando. El propósito básico de la estructura es el mantener a la gente en ella feliz promoviendo la paz, la armonía, y la justicia. El método es el tomar consenso. El político que se convierte en alcalde es una persona que conoce lo que la gente quiere, y pone lo mejor de sí para ver que ellos lo obtengan. El ideal es un gobierno "del pueblo".

Ahora la estructura de la cofradía no está orientada a la gente, sino que tiene una *estructura orientada hacia la tarea*. La gente no se vuelve automáticamente miembros de cofradías, ellos tienen que unírseles. Ellos deben hacer algún tipo de decisión adulta y el escoger solicitar hacerse miembros. Ejemplos en la ciudad podrían incluir, tiendas de alimentos, fábricas, hospitales, teatros, restaurantes y el Club de Rotarios todos los cuales son independientes de la modalidad. Otros son concesiones por la modalidad tales como servicios públicos, televisión por cable, y transporte público. Aún otros están comisionados por la modalidad tales como la policía o los bomberos. Nótese que en todas estas estructuras de cofradía la organización es más importante que la gente. La gente que pertenece a una cofradía puede ser despedida si no contribuyen al propósito de la organización. Muchos de los que son despedidos son personas muy agradables y sobresalientes ciudadanos de la cofradía. Pero esa es una consideración secundaria. Si ellos no ayudan a la tarea, se van. Ellos dejan la cofradía pero no la modalidad, porque la modalidad está orientada hacia la gente, no orientada a la tarea. Las obligaciones en la cofradía son varias y la disciplina es alta. Los líderes ejercitan una estricta contabilidad y la competencia de los miembros es evaluada y monitoreada. El liderazgo se ocupa mucho menos acerca del consenso de opiniones de los miembros que acerca de cumplir la tarea para la cual la organización fue establecida.

Congregaciones y misiones

Cuando llevamos estos conceptos dentro del contexto de iglesia, encontramos un par similar de estructuras. La estructura congregacional, o modalidad, es la parroquia local, el distrito, la diócesis, el presbiterio, la conferencia o la denominación. Tenga en cuenta que la idea de estructura congregacional incluye ambas, la congregación local así como también un grupo de congregaciones. Como en la modalidad secular, el carácter esencial de la estructura congregacional es que es *orientada a la gente*. Los nuevos miembros son socializados dentro del grupo. Si sus padres son miembros, un bien definido proceso de incorporar a los hijos ha sido desarrollado. Ellos son dedicados o bautizados como infantes y luego bautizados o confirmados como adolescentes. Cualquiera que sea el proceso escogido, este es usualmente designado para hacer el sendero lo más ancho y fácil posible porque esa es la mejor forma de mantener el concurso de los padres. Aquellos quienes son miembros de otra congregación pueden transferirse con un mínimo de dificultad.

Tomar consenso es considerado la mejor forma de liderazgo en la modalidad porque toda la gente es importante. De hecho, la gente puede despedir al pastor si ellos están lo suficientemente descontentos como para hacerlo. La disciplina es baja, exacto como es en la ciudad. La excomunión es hasta más rara que enviar gente a la cárcel. Hay pocas obligaciones para mantener a los miembros. En algunas estructuras congregacionales los miembros son retenidos aún a pesar de que no asisten al servicio de adoración regularmente o hacen contribuciones financieras significantes. Los Bautistas del Sur, por ejemplo, son notorios por retener A quienes no viven en la comunidad donde la iglesia está localizada (cerca de 30% de su membresía no es residente).

La estructura de misión, o cofradía, es algo más. Su naturaleza esencial es una *estructura orientada a la tarea.* Nadie ha nacido en ella. Todos los miembros tienen que solicitar el ser aceptados. Requiere una segunda decisión cristiana, primero decidiendo ser parte de la cofradía al aceptar a Cristo. Se requiere competencia para ser aceptado. Mi esposa y yo, por ejemplo, fuimos aceptados dentro de dos estructuras de misiones, en nuestro caso agencias misioneras para el extranjero. Cada una de ellas requiere una historia médica completa como parte de nuestra solicitud. Nosotros también participamos de seis iglesias locales diferentes a través de los años. ¡Ninguna de ellas nos solicitó una historia médica! Hay lugar para el cojo, el sordo y el ciego en el reino de Dios; pero en modalidades no en cofradías. Si los miembros de la cofradía no pueden contribuir a la tarea física, mental o espiritualmente, ellos no pueden ser parte de ella. La gente es importante pero no tanto como la tarea. Su desempeño es monitoreado. El nominalismo no es tolerado. Un alto nivel de compromiso es sostenido.

Ejemplos de estructura de misión incluyen Campus Crusade for Christ (Cruzada Estudiantil para Cristo), Traductores Wycliffe, World Vision International, y la Sociedad Bíblica Americana; para mencionar algunas que son independientes de las estructuras congregacionales. Otras, sin embargo, son dependientes en un grado u otro de estructuras congregacionales tales como las órdenes Católico Romanas, agencias misioneras denominacionales, el equipo de Evangelismo Explosivo en una iglesia local, y la Escuela Cristiana al lado de la Iglesia.

Las diferencias entre modalidades y cofradías son ahora claras. Pero aquí hay un punto interesante, el cual tiene efectos de largo alcance en nuestras ideas de liderazgo de iglesia. Déjeme ponerlo en las palabras de Richard Hutcheson, quien es uno de los pocos escritores en el campo que lo ha descrito. Hutcheson dice: "Hay un sentido en el cual la iglesia local misma... puede ser llamada una 'cofradía'".[1] Varias estructuras congregacionales legítimas están tan ordenadas que ellas funcionan y operan como si fueran estructuras de misión, y esto tiene una influencia distintiva en su crecimiento. Una pregunta decisiva para el pastor y para la gente de una iglesia que surgirá entre ellos es: ¿Estamos dispuestos a permitir que nuestra iglesia tome las características de una cofradía? No todos lo están, como lo veremos.

El debate modalidad-cofradía

Es una cosa el reconocer la naturaleza de la cofradía o la estructura de misión; pero es otra decidir si ésta es legítima. Ralph D. Winter piensa que lo es pero George W. Peters está en desacuerdo. Examinar los dos puntos de vista de estos dos prominentes misiólogos ayudará a clarificar la cuestión.

George Peters describe la historia de la iglesia en misiones como la historia de grandes personalidades y sociedades misioneras. Se lamenta de que "sólo en casos excepcionales ha estado la iglesia envuelta en misiones". Él llama esto un "desarrollo histórico desafortunado y anormal la cual ha producido iglesias autónomas, no misioneras en una mano y sociedades misioneras autónomas no eclesiásticas en otra mano".[2] En la opinión de Peters, las causas de este problema tienen su raíz en la teología de La Reforma la cual no desarrolló una fuerte misiología, la falla de los reformadores en desarrollar una iglesia independiente del estado (Peters mismo es un menonita y uno puede ver como un anabaptista sostendría este punto de vista), y la carencia de buena disposición de parte de la iglesia de la Reforma, que estaba a un bajo nivel espiritual para enviar misioneros al exterior. Algunos reformadores también, enseñaron el argumento que las misiones eran obligación de individuos en vez de una obligación de la iglesia como un todo. Todo esto creó cierto clima tan tenso que cuando grandes personalidades como Hudson Taylor y Roland Bingham recibieron sus llamados misioneros, se vieron forzados a salir fuera de la iglesia y a formar nuevas sociedades misioneras independientes de la iglesia existente.

Ralph Winter no está de acuerdo con que las cofradías son desafortunadas o anormales. Él ve a ambas, modalidades y cofradías como "dos estructuras de la misión redentora de Dios", que es el título de su histórico ensayo el cual descubrió todo el asunto hace unos pocos años.[3] En él describe cómo cada una de las dos estructuras ha existido desde tiempos bíblicos.

La modalidad fue la iglesia del Nuevo Testamento. No encontramos instrucciones explícitas en el Nuevo Testamento de cómo organizar una iglesia del Nuevo Testamento, Winter argumenta, a causa de que los creyentes judíos nunca dejaron la estructura de sinagoga. El modelo de la sinagoga se convirtió en el modelo de la iglesia con la bendición implícita de Dios. Fue muy familiar que los escritores bíblicos nunca pensaron en explicarla. Winter ve la característica definitiva de esta estructura al incluir jóvenes y viejos, hombres y mujeres ex judíos y griegos no judíos, además de familias biológicas normales.

Haber nacido judío era suficiente para hacerlo a uno miembro de la sinagoga, dando los ritos establecidos de iniciación tales como la circunsición de los varones y quizás el equivalente de lo que hoy es llamado Bar Mitzvah. La iglesia continuó lo mismos métodos. Es importante notar cuan mínimos son los requerimientos para obtener y mantener la membresía en las iglesias del Nuevo Testamento. Arrepentimiento de pecados, confesar a Jesús como Señor y Salvador, y el bautismo de agua se ven como requisitos de admisión. Pero aunque Jesús había dicho "por sus frutos los conoceréis" no fueron aplicados estándares rigurosos para *mantener* la membresía.

La iglesia de Corinto es un caso preciso. Los miembros de la iglesia, a los cuales Pablo llamó "santos" y "santificados en Jesucristo" (1 Corintios 1:2), se vieron envueltos en un divisionismo carnal, comiendo carne de sacrificio en los templos de los ídolos, emborrachándose en la Santa Comunión, vistiéndose como prostitutas, rechazando al pobre y al necesitado, abusando de los dones espirituales y negando la doctrina de la resurrección. Aun Pablo, mientras manejaba la situación con gran detalle, recomendó la excomunión para sólo uno, un hombre que vivía abiertamente con su madrastra. Pablo regañó a los otros pero no sugirió que ellos habían perdido su derecho a la membresía de la iglesia debido a la práctica de tales cosas. Hay otros pasajes donde Pablo establece altos requisitos para los *líderes,* pero no para miembros ordinarios. Y como historia, antes como ahora la excomunión de la congregación tanto en la estructura como en modalidad es cosa rara.

La cofradía en los tiempos del Nuevo Testamento fue el bando misionero, de acuerdo a Ralph Winter. La misión de Pablo es el más claro ejemplo. Empezó como la iglesia, tomando la estructura judía existente, llamándola el bando proselitista judío. Jesús se refiere a éstos cuando dijo a los fariseos judíos "porque recorréis mar y tierra para hacer un prosélito" (Mateo 23:15). Los judíos fueron mucho más evangelísticos en el siglo primero de lo que son hoy en día. Pero esta es la razón por la cual la organización del bando misionero no es explicada en detalle en el Nuevo Testamento, la misma razón por la cual la organización de la iglesia no es explicada. No era nada nuevo, simplemente se asumía.

El bando misionero de Pablo, como una cofradía, fue ligeramente diferente de las iglesias del Nuevo Testamento. Él mantuvo altos requisitos para unirse y monitoreaba el trabajo de los miembros. Él podía despedir, y lo hizo, a aquellos que eran incompetentes, con Juan Marcos siendo el caso más obvio (Hechos 15:36-40). Por el hecho de ser una estructura orientada a la tarea y Marcos no estaba contribuyendo bien a la tarea, se fue. Barnabás también se fue pronto, después de esto fue obvio que él y Pablo no estaban mirando los asuntos mano a mano. La falta de armonía entre los líderes importantes no es tolerada en la cofradía. ¿Por qué? Está establecida en el camino del cumplimiento de la meta. Tenga en cuenta que Marcos no fue excomulgado de la estructura congregacional porque esta es orientada a la gente y no a la tarea.

¿Cómo se relacionan las dos?

Yo pienso que Ralph Winter no se equivoca al respecto. Yo veo a ambas, modalidad y cofradía como parte del plan total de Dios para la iglesia en misión. Sin embargo, si la misión va a ser alcanzada, ambas deben relacionarse la una con la otra en una forma dinámica.

Ambas deben ser consideradas estructuras las cuales unan al pueblo de Dios. Ellas son las estructuras del reino, y ellas existen para la gloria de Dios. Ambas, en el sentido verdadero de la Palabra, son parte de la *Iglesia*. Esa es la razón por la cual no me gusta llamarlas iglesias y organizaciones paraeclesiásticas en vez de modalidades y cofradías. La palabra *paraeclesiástica* significa, al lado de la iglesia, pero implica que no es la iglesia misma. Me doy cuenta de que varios como George Peters, tendrán un problema con esta eclesiología, pero si es así no será un obstáculo para entender los principios básicos del liderazgo. Peters mismo es un fuerte sostenedor de la estructura de misión tipo cofradías, aunque teóricamente él quisiera que no fueran necesarias.[4]

El punto principal es que para cumplir la misión de la iglesia, las cofradías y modalidades se necesitan unas a otras en una relación simbiótica. La relación simbiótica significa que cada uno contribuye al bienestar de la otra. Esto es lo opuesto a una relación parásito, en la cual el parásito vive a expensas del anfitrión y finalmente lo destruye. Desafortunadamente las cofradías son percibidas por algunos como parásitos, y quizás hay algunas que tienden ser de esa forma. Pero esos son abusos y excesos. Toda la relación no debe ser rechazada sólo por malas experiencias ocasionales.

La principal contribución de la estructura congregacional o modalidad es el proveer la *visión general.* Como el alcalde de la ciudad, el pastor necesita ver toda la figura y estar seguro de que todas la piezas se ajustan juntas. Si hay una necesidad de más restaurantes, el alcalde de la ciudad no los va a empezar personalmente, pero se asegura de que sean creadas las condiciones apropiadas de tal suerte que ellos puedan empezar. De la misma forma, el pastor debe estar seguro de que las cofradías empiecen en orden para cumplir ciertas tareas. La congregación necesita proveer los recursos tales como oración, personal, finanzas, y asistencia moral. Las cofradías usualmente, no iniciarán otras cofradías, así que la modalidad con su visión amplia necesita ver que esto es hecho.

Los pastores de las iglesias grandes que están creciendo no deben tratar de hacer más de lo que podría hacer el alcalde de la ciudad. Ellos deben delegar responsabilidades para cumplir tareas a quienes se han especializado en saber cómo hacerlas. Sé que no hay iglesia que provea más servicios a la comunidad que la rodea que la Catedral de Cristal en Garden Grove, California. Ellos pueden hacerlo porque el pastor Robert Schuller entiende el principio de cofradía. Él ha creado condiciones para el desarrollo de no menos de ocho estructuras internas de misiones las cuales conducen ministerios vía satélite desde el programa de televisión La Hora de Poder a la Academia Catedral de Cristal; desde los Servicios de Consejería Nueva Esperanza al Centro de literatura; desde el instituto para Liderazgo exitoso de Iglesia a las Manos Auxiliadoras las cuales distribuyen alimentos y ropa a los necesitados y así sucesivamente.

La modalidad provee la visión amplia, pero no se espera que la cofradía haga esto. Esto sería en contra de su naturaleza. La verdadera naturaleza de una buena cofradía es una *visión estrecha*, que se enfoca en una tarea específica. Richard Hutcheson explica que "generalmente empieza de escarbar y enfocar a un líder carismático y una causa".[5] A causa de su orientación a la tarea y su visión estrecha inherente, el líder de una cofradía que funciona bien será caracterizado usualmente por tres peculiares actitudes:

Primero, ellos piensan que su tarea es la más importante de las tareas del Reino de Dios. Ellos respetan lo que otros están haciendo; pero han tenido la experiencia de la urgencia en su llamado que no pueden imaginar que otro ministerio sea tan importante como el de ellos. Esa es la razón por la cual ellos pueden ir a lo que están haciendo con una pasión la cual sobrepasa largamente la del líder ordinario de la estructura congregacional o modalidad.

Segundo, ellos creen que son los únicos que desarrollan bien la tarea particular. Pocos dicen de esto en público porque podría aparecer poco modesto. Ellos tratan a los líderes de cofradías similares con gran respeto y se refieren a sus trabajos con cuidadosa diplomacia. Pero si hay buenos líderes de cofradía ellos creen en sus corazones que su metodología particular es superior a otras, y si dudan por un momento que podrían no ser superiores, toman pasos inmediatos para rectificar la situación.

Las dos actitudes anteriores, las cuales son precisamente las que son necesarias para la excelencia en desarrollar la tarea, usualmente ponen a buenos líderes de cofradías en problemas. Ellos tienden a irritar a los líderes de las modalidades y también a otros líderes de cofradías. Al grado en que no lo son, ellos son usualmente menos efectivos. Pero los líderes de modalidad no deben permitirse ser irritados por esto porque ellos deben mantener la visión amplia y ser aquellos que ven que tales actitudes por parte de los líderes de la cofradía son finalmente útiles en el Reino de Dios.

La tercera actitud característica de los buenos líderes de cofradía es una necesidad relativamente baja de gente. Por esto quiero decir que personalmente y psicológicamente ellos no ansían profundamente, en un período prolongado, relacionarse corazón a corazón con personas fuera de su familia inmediata. Ellos saben, ya sea, conscientemente o subconscientemente que al grado en que ellos se envuelven personalmente con otros, pueden perder la objetividad requerida para monitorear el rendimiento en el cumplimiento de la tarea. Es siempre una tentación quitar los ojos de la tarea y ponerlos sobre la gente. Esto no previene que algunos de ellos usen el tiempo con unos pocos líderes administrativos de mando medio y vieran sus vidas en ellos en una relación disciplinada. Pero ellos hacen esto sólo si ven que facilita la tarea.

Ahora usted puede empezar a ver por qué Bill Bright, un líder de cofradía por excelencia, no es su pastor. Si él fuera un líder tipo pastoral, Campus Crusade for Christ no sería lo que es hoy día.

Si usted lo analiza, encontrará que usualmente la primera generación de líderes fundadores de una cofradía obtendrá un puntaje alto en las tres actitudes mencionadas anteriormente. Pero la segunda y tercera generación de líderes obtendrán un puntaje más bajo. ¿Cómo hará un líder carismático para proveer un reemplazante igualmente carismático? Usualmente, como lo explicó Max Weber hace algunas décadas: es imposible. Pero quiero tratar este asunto con más detalles en otro capítulo.

Una clasificación histórica

Vimos cómo las modalidades y cofradías pueden remontarse a los tiempos del Nuevo Testamento. Pero una breve mirada a la historia subsecuente puede ser también útil para entender sus dinámicas. Algunas de las más efectivas estructuras de misión en la historia cristiana fueron los monasterios. Cuando se piensa en ello, desde la caída del Imperio Romano hasta poco después de La Reforma del siglo XVI, los principales instrumentos de Dios para llevar el Evangelio a través de la tierra fueron los monasterios. Esto está abundantemente documentado en varios trabajos del historiador Kenneth Scott Latourette quien entendió la dinámica modalidad-cofradía muy bien. Ralph Winter ha elaborado también en esto detalladamente.

Tristemente, la evangelización mundial no fue una actividad prominente de los reformadores protestantes o de las iglesias que iniciaron. Vemos algunas razones dadas por George Peters para esto. Sin embargo, puede que haya otra razón aun más significante. Martín Lutero quien fue un monje agustino fue el miembro de la cofradía quien se volteó tan radicalmente contra la Iglesia Católico-Romana que tiró "al bebé con el agua del baño".

Él anuló las órdenes católicas pero no las reemplazó por cofradías protestantes similares. El historiador luterano Jarislav Pelikan afirma que Lutero no estaba en capacidad de presentarse con "una propuesta para reemplazar las órdenes misioneras, cuyas reglas monásticas había repudiado Lutero, con alguna otra estructura que pudiera llevar el imperativo misionero... Pasó un siglo y medio antes de que sus seguidores pudieran producir tal estructura".[6] El movimiento cristiano se expandió aún en esos 150 años, pero mayormente por católico-romanos y sus cofradías. La teología de Lutero no fue de origen misiológico.

Los anabaptistas también expandieron el evangelio, particularmente a través de cristianos nominales, en el siglo XVI. La Gran Comisión es prominente en los escritos anabaptistas. Ellos nunca perdieron el sello misionero. Pero note que la naturaleza del movimiento anabaptista es de una estructura de tipo cofradía. A pesar de que era una iglesia se requería una segunda decisión adulta para unírseles. El bautismo de infantes, realizado por los católicos, los luteranos o los reformados, era rechazado. Todos los miembros tenían que bautizarse o rebautizarse como adultos, por inmersión. Se requería un estilo de vida que se hacía cumplir estrictamente. Nominalmente no era tolerante, aun en cuanto a los hijos de los creyentes. La excomunión era practicada. La iglesia creció tremendamente aun a través de la persecución.

Como resultado de sus diferencias esenciales, las modalidades históricamente tienen dificultades para la coexistencia con las cofradías. La tendencia es que las modalidades devoren las cofradías, o que las cofradías gradualmente se conviertan más y más igual que las modalidades en su estructura y actitudes.

Los anabaptistas son un caso en este punto. Examine el movimiento anabaptista hoy, con todas sus ramificaciones, y verá una agrupación de modalidades. Algunas están tan cerradas y son tan exclusivos que los convertidos del exterior están excluidos, prácticamente por definición. Otros están identificados con la corriente principal del cristianismo que el celo de los fundadores se ha vuelto nostalgia. Algunos, tales como la Hermandad Menonita, han creado nuevas estructuras de misión las cuales recapturan algo del celo original de la cofradía que la iglesia entera alguna vez tuvo. Cuando las viejas cofradías se debilitan o desaparecen, deben ser formadas nuevas para tomar el lugar de las otras.

Otro caso es el de los metodistas. John Wesley, el fundador, fue un sacerdote anglicano quien no tenía idea de empezar una denominación que compitiera con los anglicanos. Él predicó el Evangelio y guió a sus convertidos, presumiblemente anglicanos todos, en "clases" las cuales fueron pequeñas cofradías. Pero después de la muerte de Wesley, la Iglesia Anglicana no pudo hacer frente al fenómeno y las clases se convirtieron en una nueva denominación la cual funcionó asimismo como una cofradía. Sin embargo, un par de siglos después, la Iglesia Metodista Unida es la clásica estructura de modalidad. Las cofradías han sido consumidas.

Los científicos sociales, siguiendo a Ernst Troeltsch, llaman a la cofradía original una "secta" y a la resultante modalidad una "iglesia". La tipología iglesia-secta ha sido un punto de enfoque principal de investigación en la sociología de la religión, y las tendencias históricas descritas anteriormente han sido ampliamente confirmadas. Las sectas, casi invariablemente, se convierten en iglesias luego de un período de tiempo.

Un número de observadores, por ejemplo, se han dado cuenta de que el movimiento fundamentalista de comienzos del siglo XX tuvo las características de una secta, pero ahora el movimiento evangélico el cual creció de él, tiene varias características de una iglesia. Algunos fundamentalistas se han retirado recientemente de sus sectas maternas, ante la consternación de la "guardia vieja". Las denominaciones clásicas pentecostales empezaron como sectas, pero ahora en su búsqueda de respeto, se volvieron también, como iglesias.

Todo esto sería una curiosidad histórica excepto porque hay un rumbo claro en el crecimiento de las iglesias. Así como la secta se vuelve en una iglesia o como la cofradía se vuelve una modalidad el nivel de compromiso y celo se vuelve cada vez más bajo. Al ir sucediendo esto, la dinámica del crecimiento de iglesia descenderá. Necesitamos analizar este fenómeno con más detalle.

Estructuras de iglesia y potencial de crecimiento

La mayoría de las iglesia locales son modalidades clásicas. Ellas están organizadas como modalidades y son guiadas como modalidades. Los pastores están orientados hacia la gente y ellos conducen su iglesia por consenso. Para la mayor parte, esto es para lo que fueron entrenados en el Seminario, y esto es por lo que ellos y los miembros de iglesia sienten que para esto el pastor ha sido contratado por la iglesia local. Algunas de estas iglesias están creciendo; pero la mayoría de ellas no están creciendo bien.

Al haber estudiado iglesias en crecimiento alrededor del mundo, he visto un aumento de conciencia, la cual al principio me desconcertó. Asumí de que todas las iglesias locales eran modalidades por definición. Pero, entonces, empecé a darme cuenta de que varias de las características del liderazgo de los pastores de las iglesias locales grandes y que están creciendo eran notablemente similares a aquellas de líderes exitosos de cofradías. Por esto, entonces, empecé a darme cuenta de que es posible para una iglesia local el ser en gran amplitud, como una cofradía, y esto al grado de que empiece a disfrutar de un más alto potencial de crecimiento. Parece ser que mientras más pastores puedan guiar sus iglesias como cofradías en vez de modalidades, pueden esperar un mayor crecimiento.

Esto debe ser explicado porque podría levantar muchos malentendidos. Permítame empezar mirando la figura 5.

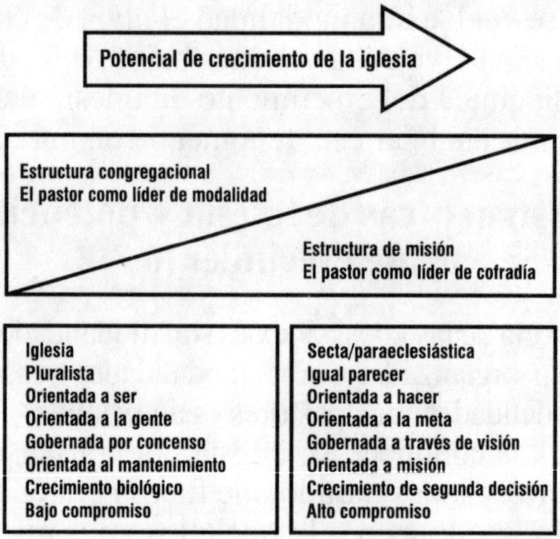

Figura 5

Lo primero que quiero indicar es que tenemos aquí un espectro. No estamos hablando *ni* de una estructura congregacional *ni* de una estructura de misión. Estamos sugiriendo una tendencia hacia una u otra en ocho áreas diferentes. Al ir pareando su iglesia a las ocho categorías probablemente se inclinará hacia una dirección en una y hacia otra en la otra. Pero la descripción le permitirá ver cuántas características de cofradía puede tener ahora o las que quiera tener en el futuro. Lo útil de esto es que le permite plantear algunas preguntas acerca de su iglesia, las cuales de otra manera no hubiesen aparecido.

Por ejemplo, ¿no se ven ustedes mismos como una *iglesia* o una *secta*, al ir discutiendo éstas? ¿Está bien conformado con la cultura alrededor suyo de tal suerte que es considerado "respetable", o es en cierta medida diferente de la gente secular que usted conoce? ¿Es usted *pluralista*, permitiendo una amplia diversidad de gente con diferentes puntos de vista en su iglesia, o es del mismo *parecer* y estricto en su doctrina y práctica? Si usted es pluralista probablemente sea más liberal que sus vecinos conservadores o del mismo parecer. ¿Piensa que *ser* es más importante que *hacer*? ¿Es la forma en que usted juega el juego más importante que si lo gana o pierde? Si es así, probablemente usted es más *orientado a la gente* que *orientado a la tarea.*

¿Qué hay acerca de la forma en que su iglesia es guiada? ¿Encuentra que los grandes cambios vienen mayormente a través de un *consenso* general de miembros activos o a través de la *visión* del pastor? ¿Insiste en un proceso largo y diseñado o está acostumbrado, en vez, a cambios abruptos en la dirección? ¿Está *orientado al mantenimiento* u *orientado a la misión*? ¿Está la mayoría de su ministerio y actividad enfocada en aquellos quienes ya están en la iglesia o hace regular y efectivamente ministerio a aquellos en el exterior? ¿La mayoría de sus miembros nuevos van a través de una socialización de los niños de los miembros existentes o usted recurre fuertemente a las fuentes cercanas de gente no alcanzada por la iglesia? El anterior es llamado *Crecimiento Biológico* y el posterior *Crecimiento de Segunda Decisión.* ¿Dónde ubicaría a los miembros de su iglesia en una escala que va de un *compromiso bajo a un compromiso alto?*

Yo imagino que la mayoría de las iglesias que enfrentan estas preguntas se hallarán bien al lado izquierdo, o modalidad, del espectro. En el grado que este sea el caso, sin embargo, su potencial de crecimiento será más bajo.

En el grado en que se encuentren ustedes en el lado derecho, o cofradía, o en el grado en que estén dispuestos a moverse en esa dirección, el potencial de crecimiento se incrementa. Para ir en dicha dirección necesita tener en cuenta por lo menos dos cualidades muy importantes de las iglesias en crecimiento: Liderazgo tipo cofradía y compromiso tipo cofradía. Discutamos una a la vez.

Liderazgo tipo cofradía

En el capítulo 1 mencioné que varios exámenes computarizados se habían hecho acerca de los signos vitales de iglesia saludable, como es encontrado en el libro "Your Church Can Grow". Uno de estos fue hecho por William R. Douglass en Seattle University, EE.UU. El signo vital que se correlaciona más con el crecimiento de la iglesia fue el de fuerte liderazgo. Douglass encontró que el pastor de una iglesia que está creciendo "necesita estar alto en orientación de tarea y bajo en orientación de relación. En otras palabras, un ejecutante".[7] Esta es una descripción del líder de cofradía. Pero presenta una pregunta importante: ¿Cómo puede guiar su iglesia efectivamente y a la misma vez ser bajo en orientación de relaciones? ¿No es la relación entre el pastor y la gente un ingrediente esencial para el liderazgo efectivo en una iglesia local? Obviamente sí. Cómo enfocar la tarea y mantener relaciones vitales es el asunto.

Como una base para discusión, quisiera usar un diagrama muy útil producido por un estudiante mío, el misionero Raymur Downey de Zaire. Downey ve dos ejes como cruciales para el liderazgo del crecimiento de iglesia y los relaciona uno con el otro. (Ver figura 6.)

Vea primero al eje horizontal entre motivación a la tarea y motivación a la relación. Obviamente el lado de la tarea describe mejor a nuestro líder de cofradía. Esto significa que el líder está motivado a asumir una posición

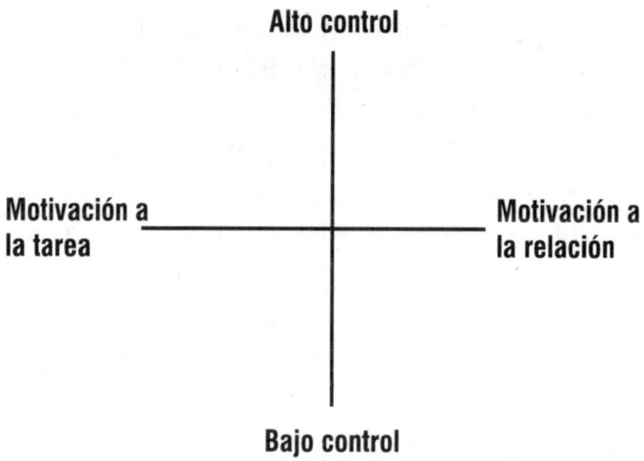

Figura 6

de liderazgo primariamente porque él ve una tarea significativa que necesita ser hecha. Esto no quiere decir que el líder motivado a la tarea es inconsciente o necesita buenas relaciones personales. No refleja una falta de amor hacia otros. Varios líderes motivados hacia la tarea tienen cantidad de buenos registros de reclutamientos que exceden muy por arriba las posiciones de liderazgo y de reclutar miembros que se convierten en seguidores. Varios pastores del tipo de cofradía a quienes conozco tienen un cuerpo de administración fieramente leal o líderes altamente competentes. Ellos le dirán cuánto ha puesto su pastor principal de su vida en ellos y los ha ayudado a ser lo que son. Las relaciones son excelentes; pero ellos no son el punto de inicio. Los miembros del cuerpo administrativo a quienes he mencionado también saben que en el momento en que ellos dejan de hacer su contribución a la tarea, ellos están fuera. Serán despedidos con amor.

Ahora mire al eje vertical desde el control alto al control bajo. Esto se refiere al monto de autoridad, la cual es invertida en el pastor principal. ¿Recuerda lo que hemos dicho en el último capítulo acerca de la relación pastor-oveja? La persona en el alto punto de control está funcionando como el pastor quien guía las ovejas. El pastor es el líder y la gente sigue. Pero recuerde también como se consigue esto. Debe ser ganado probando a la gente que usted, el pastor, es su siervo. Mientras más gana la gente la confianza de que su pastor es verdaderamente su siervo, más se desliza hacia arriba en la escala de control. Mientras más alto va, es un mejor líder de tipo cofradía.

Muy pocos pastores estarán totalmente motivados a la tarea y en control total de la situación. Pero mientras más se mueva hacia la parte superior izquierda del diagrama, más estará guiando su iglesia como un líder de tipo cofradía. Mientras más se mueva hacia la parte inferior derecha será un líder de tipo modalidad. El potencial de crecimiento de iglesia, sin necesidad de decirlo, es más alto en el cuadrante superior izquierdo: Motivado a la tarea y un alto control pastoral.

Compromiso de tipo cofradía

Si usted ha estado probando su propia iglesia contra el diagrama modalidad-cofradía y quisiera verla volverse más y más como una cofradía, usted necesita no sólo fijar su atención en el liderazgo sino también en el compromiso: Una de las características principales de las cofradías, tal y como las hemos estado describiendo, es un alto nivel de dedicación de parte de sus miembros. El nominalismo no es tolerado. La disciplina es estricta. "O te ajustas o te vas" es el lema.

El mundo religioso está en gran deuda con Dean M. Kelley del Concilio Nacional de Iglesias por su histórico volumen *Why Conservative Churches Are Growing* (Porque las Iglesias Conservadoras están Creciendo), publicado a principios de los 70. En él, Kelley demuestra convincentemente que mientras más estricta es la iglesia, más fuerte es, y más alto el potencial de crecimiento. Las iglesias más fuertes de Kelley están caracterizadas por altos grados de compromiso, disciplina y celo misionero. Hay una cofradía robusta y demandas pesadas son hechas a los miembros. El líder carismático es obedecido sin mucho cuestionamiento. Encontrará altos niveles de absolutismo, conformidad y fanatismo. Hay una pequeña tolerancia de desviación o disentimiento. Esta es la razón por la cual lo llamo compromiso de tipo cofradía.

Si usted está interesado en mover su iglesia hacia un más fuerte nivel de compromiso de tipo cofradía, le sugiero que lo haga de dos formas:

Primero, presente sus requisitos para los miembros nuevos. Si es fácil el hacerse miembro de su iglesia en la actualidad, hágalo más difícil. Si no tiene una clase para nuevos miembros, comience una. Si tiene una, considere el hacerla más prolongada y con más demandas. Varias clases para nuevos miembros muy exitosa tienen una duración hasta de diez semanas. El contenido de dichas clases dependerá de su filosofía de ministerio, la cual discutiré en el siguiente capítulo. No permita que nadie, no importa quién, sea una excepción a la regla. Recuerdo bien el día que solicité hacerme miembro de la Iglesia Congregacional de Lake Avenue. Yo era un cristiano maduro, un ministro ordenado, un misionero veterano, ejecutivo de una agencia misionera, y profesor de seminario teológico. También tenía un muy ajustado horario los fines de semana, y los requisitos para hacerse miem bro era asistir durante seis domingos consecutivos a la clase para miembros nuevos. Le expliqué mi situación al pastor, esperando que él pudiera considerar una excepción a la regla. Me fue dicho, muy amablemente, pero firmemente, que estaba bienvenido a asistir a la iglesia pero que tendría que arreglar mi horario y tomar dichas clases si quería hacerme miembro. ¿Qué fue lo que hice? Arreglé mi horario. Y desde entonces estoy muy impresionado con la fuerza de mi iglesia. Sin ella, no hubiera podido crecer a una asistencia de casi 3.000 personas en un área que está despoblándose.

Segundo, eleve el nivel de compromiso de los miembros actuales. Hay varias formas de hacer esto, pero una de las mejores está siendo usada en la actualidad por mi buen amigo Larry DeWitt, pastor de la Comunidad Calvario de Thousand Oaks en California. En los últimos seis años, la Comunidad Calvario ha crecido de una asistencia de menos de 20 personas a más de 2.000. Ellos se reúnen en un almacén alquilado; pero tienen un terreno y planes para un santuario con capacidad para 2.500 personas sentadas. Ellos siempre han sido una iglesia de compromiso tipo cofradía, pero ahora son más estrictos. Recientemente DeWitt introdujo el plan "Robles de Rectitud"[1] Un artista creó un gran roble en la pared de la iglesia con lugar para mil firmas. Los requisitos para hacerse un roble de rectitud son tan altos como los que he visto en la iglesia. Debe firmar un pacto, haciendo un compromiso de seis requisitos semanales mínimos:

1. Asistencia semanal a los servicios.
2. Pasar una noche por semana con la familia en actividades familiares planificadas.
3. Participar en un grupo pequeño de crecimiento que se reúna semanalmente.
4. Comprometerse a ofrendar regular y sustancialmente a la iglesia.
5. Localizar un ministerio en la iglesia en el cual pueda utilizar sus dones espirituales.

1 Nota del traductor: Oak significa en inglés: Roble, de donde se deriva el nombre de la iglesia.

6. Prometer pasar cierto tiempo devocional personal cada día.

Más de la mitad de aquellos quienes son activos en la vida de la Comunidad Calvario, han puesto sus nombres en el roble, y más están haciendo el compromiso todo el tiempo. No sorprende que la iglesia esté creciendo y a la vez sosteniendo su crecimiento.

Guiar su iglesia al crecimiento significa que mientras más lo permitan las circunstancias, debe tratar de guiar su iglesia como una cofradía.

NOTAS

1. Richard G. Hutcheson, Jr., *Wheel Within the Wheel: Confronting the Management Crisis of the Pluralistic Church* (Atlanta: John Knox Press, 1979), p. 113.
2. G. W. Peters, *A Biblical Theology of Missions* (Chicago: Moody Press, 1972), p. 214.
3. Ralph D. Winter, "The Two Structures of God's Redemptive Mission", *Missiology: An International Review,* enero 1974, pp. 121-139.
4. Ver George W. Peters, *A Theology of Church Growth* (Grand Rapids: Zondervan Publishing Co., 1981), pp. 172-183.
5. Richard G. Hutcheson, Jr., *Mainline Churches and the Evangelicals: A Challenging Crisis?* (Atlanta: John Knox Press, 1981), p. 161.
6. Jarislav Pelikan, *Spirit Versus Structure: Luther and the Institutions of the Church* (New York: Christian Classics, 1968), pp. 55-56.
7. William R. Douglass, "Identifying Variables Associated with Church Growth through Regression Analysis" (Texto de estudio, Seattle University, 1978), p. 67.
8. Dean M. Kelley, *Why Conservative Churches are Growing* (New York: Harper & Row Publishers, 1972), p. 84.

6

Obteniendo el comienzo correcto

Está listo para crecer? Si usted está convencido de que es la voluntad de Dios, el crecimiento de Su iglesia, si está dispuesto a pagar el precio por el crecimiento, si el pastor está preparado para asumir la responsabilidad para el liderazgo del crecimiento, y si la congregación ha decidido seguir el liderazgo de crecimiento, usted puede estar listo.

Si es así, ¿qué va a hacer? Este capítulo ofrecerá unas pocas sugerencias prácticas para empezar un proceso de crecimiento en su iglesia. En el próximo capítulo voy a mencionar otras pocas sugerencias más acerca de cómo mantenerse una vez que ha empezado. Ellas no dicen todo lo que necesita ser dicho. Encontrará mucho más en la literatura del cuerpo creciente del crecimiento de la iglesia. Pero yo he seleccionado lo que considero que son los pasos prioritarios para un comienzo exitoso hacia el crecimiento.

Llamando al pastor correcto

Si todo lo que he dicho en los capítulos previos es válido, el punto de comienzo para guiar su iglesia al crecimiento debe ser el pastor correcto. El potencial de crecimiento para varias iglesias, desafortunadamente, es muy bajo debido a que el pastor presente o no tiene una visión para el crecimiento o no está dispuesto a pagar el precio. Donde es este el caso o el pastor debe cambiar su actitud hacia el crecimiento, o el pastor mismo debe ser cambiado. Las actitudes de los pastores pueden ser cambiadas. Lo sé porque he sido testigo de esto numerosas veces en mis clases y seminarios. Si el pastor quiere cambiar, están disponibles recursos abundantes los cuales pueden ayudar, como he mencionado previamente. Pero si tales recursos no son bienvenidos, puede que sea el tiempo de comenzar a pensar en cambiar al pastor.

Orar por la persona correcta

El primer paso para encontrar el pastor correcto es la oración. Una declaración asumida acerca del ministerio cristiano es que el pastor sirve a una iglesia dada en respuesta directa al llamado de Dios. Algunos pastores son personas inadaptadas porque de alguna manera ellos han perdido sus llamados y no están en la iglesia donde Dios quiere que estén. Esta es la razón por la cual la oración es esencial. Todos los interesados (sea la congregación, el comité de púlpito, el candidato, o las autoridades denominacionales) necesitan ser sensitivos a oír la voz de Dios en el asunto de que las posibilidades de perder el llamado sean bajas. No conozco otra forma de alcanzar esta sensitividad sino a través de una larga cantidad y alta calidad de oración. Esto quiere decir en primer lugar, un significativo período de tiempo para la oración, lo cual no es fácil de hacer para la mayoría de los norteamericanos orientados a la acción. Nuestra tendencia es a finalizar la oración lo más pronto posible de tal suerte que nos podamos dedicar a los "asuntos reales". Pero a menos que consideremos la oración un "asunto real" corremos el riesgo de invitar a un pastor a quien Dios quiere en otra parte.

Buscando las cualidades que necesita

El segundo paso es empezar a buscar a una persona con las cualidades que usted siente son necesarias. Una dificultad común para los comités de púlpito es el diseñar una lista de todas las cualidades ideales que a ellos les gustaría ver en un pastor y buscar a alguien quien alcance altos puntajes en todos ellos. Ellos sugieren de todo, menos caminar sobre el agua. El apóstol Pablo mismo no calificaría en varios casos. Hacer la lista de cualidades muy larga es usualmente frustrante y consume el tiempo excesivamente.

Cada congregación tendrá claramente ciertas cualidades prioritarias que ellos sienten que su pastor debe tener. En adición a ellas, sugiero que si se está buscando el tipo de pastor que ayudará a la iglesia a crecer, incluya al menos las seis siguientes cualidades. No espero un candidato que obtenga 10 puntos en las seis; pero en un puntaje promedio al menos 5 de 6 es un buen punto de inicio.

1. *El pastor debe ser un líder.* Buscar a una persona que no haya duda de su llamado. En este libro yo intento describir detalladamente los atributos de un líder así. Pero no olvide que la prueba principal de un líder es: Si es que hay seguidores y si su decisión de seguirlo ha sido voluntaria. La mejor manera de saber esto es entrevistar a los miembros de las iglesias a las cuales el candidato ha servido previamente. Otra forma recomendada en la Biblia, es analizar la relación entre el candidato y su familia. Si hay una buena relación con la esposa e hijos, y si el individuo ha demostrado ser un buen líder de familia, tiene una luz verde. "Pues el que no sabe gobernar su propia casa, ¿cómo cuidará de la iglesia de Dios?" (1 Timoteo 3:5).

2. *El pastor debe ser una persona de fe.* Si es a través de un don espiritual especial o si viene a través del desarrollo del fruto del Espíritu, un pastor de crecimiento

de iglesia es caracterizado por su fe. Lea acerca de Abraham, Moisés y David y los otros en Hebreos 11. "Pero sin fe es imposible agradar a Dios" (Hebreos 11:6). Una persona de fe es más enfocada en el mañana que en el ayer. El establecer metas viene naturalmente para tal líder. Un pastor con fe tiene un alto grado de seguridad de que él sabe en qué dirección quiere Dios que se mueva la iglesia en el futuro.

3. *El pastor debe ser un pensador de posibilidades.* Los pastores pesimistas sujetos a la depresión y a la derrota, no son, usualmente, pastores de crecimiento. Si el candidato es sobremanera crítico, piensa sólo en lo negativo, y es propenso a sacar a relucir lo que está mal en vez de lo que está bien acerca de determinada situación, tienes una luz amarilla: precaución. Los pensadores de posibilidades saben cómo cambiar los problemas en oportunidades. Usualmente, ellos se relacionan bien con otros, debido a que ellos mismos poseen una suficiente estima personal. La fe determina la dirección, y los pensadores de posibilidades descubren formas creativas de tener el trabajo listo.

4. *El pastor debe ser un buen predicador.* Mientras conozco de pocos pastores de crecimiento quienes no se desenvuelven admirablemente en el púlpito, me apresuraré en decir que algunos comités de púlpito sobreenfatizan la predicación al extremo de que es la única cualidad que en realidad están buscando. Varios pastores de crecimiento no son oradores de "pico de oro", pero ellos entienden la función del púlpito en el contexto amplio de adoración, liderazgo y dinámicas de grupo. Trate de estar seguro de que el predicador es un receptor orientado, conduciendo los engranajes del ministerio a las necesidades de la congregación. No confunda la comunicación, la cual es altamente importante, con elocuencia, la cual es de mínima importancia.

5. *El pastor debe ser flexible.* El crecimiento de la iglesia significa cambiar constantemente. Los pastores que están fuertemente orientados hacia la tradición y quienes no se sienten confortables con la innovación no son pastores de crecimiento. Pídale a Dios una persona que sepa cuándo cambiar a la luz de nuevos retos. En este punto, un pragmatismo consagrado es de una calidad deseable.

6. *El pastor debe ser alguien que trabaje duro.* He mencionado esto antes, pero lo menciono nuevamente. Estoy de acuerdo con Lyle Schaller cuando él dice: "La mayoría de pastores efectivos comparten una característica común, cada uno es un hombre notable que trabaja duro".[1]

Esté seguro de que todos estén de acuerdo

El tercer paso en encontrar el pastor correcto es estar seguro de que todas las partes interesadas están operando desde la misma base asumida. Debe ser lo más alto posible el nivel de acuerdo entre los miembros del comité de púlpito, el candidato y los ejecutivos denominacionales, al comienzo del proceso. Una de las más confusas y penosas situaciones se crean cuando, después de que una gran cantidad de tiempo, esfuerzo, y energía es invertida en identificar un candidato quien parece ser la persona correcta, salen a la superficie conflictos y discusiones. Es mejor que aparezcan antes y no después de que se extienda un proceso de búsqueda, pero lo mejor de todo es prevenir para que esto no suceda. Estoy informado de dos buenos recursos actualmente disponibles para los comités de púlpito. Uno es el libro de Lyle E. Schaller llamado *The Pastor and the People* (Abingdon Press, 1973). El otro es todo un equipo diseñado por Gerald M. Williamson el cual incluye el *Pastor Search Committee Primer*, el *Pastor Search Committee Planbook* y una cinta magnetofónica (Broadman Press, 1981). Éste lleva al comité paso a paso a través de un muy bien trabajado proceso.

Mientras estos recursos son ciertamente exhaustivos, quiero acentuar cuatro preguntas las cuales son particularmente relevantes en el llamado de un pastor de crecimiento de iglesia. Éstas deben ser claras y enfrentar a todas las partes involucradas.

1. *¿Estamos dispuestos a proveer una adecuada compensación?* El refrán: "Tú consigues lo que pagas" no se supone que deba ser cierto en el servicio a Dios. Aunque es claramente menos verdadero en el trabajo cristiano que en el trabajo secular, sin embargo no debe ser ignorado. Muchos pastores se cambian de iglesia porque las nuevas les ofrecen un más alto salario, una casa más confortable, o mejores beneficios suplementarios. La Biblia dice que el trabajador es digno de su salario, y los comités de púlpito no deben olvidar eso; porque los pastores no lo hacen. Cosas justas de rutina tales como un suplemento de vivienda o una casa de propiedad de la iglesia, suplemento de automóvil, seguros de varios tipos, cuentas de retiro, gastos de mudanza, y las vacaciones deben ser mutuamente discutidas y entendidas, mientras más pronto mejor.

Otro punto relativamente poco común en el paquete de compensación necesita ser acentuado. Si la congregación y el pastor son serios acerca del crecimiento y están dispuestos a pagar el precio, parte de este precio es incorporar la nueva tecnología de crecimiento de iglesia, la cual continúa siendo desarrollada. La iglesia debe hacer planes para invertir un monto anual para el entrenamiento durante el trabajo del pastor. Una o dos semanas por año incluyendo el presupuesto que sea necesario para viaje, matrícula, gastos y suplementos, es una provisión sabia que la iglesia puede hacer. Presumiblemente el pastor ha sido llamado por un período extendido de tiempo, y es importante que el líder esté al corriente de lo que se está desarrollando en el campo. Esto no debe ser considerado como un beneficio suplementario o un sustituto de las vacaciones. Debe ser considerado parte del trabajo, y una inversión en el futuro de la iglesia.

2. *¿Se debe permitir que el pastor sea un ranchero?* Esta es una pregunta difícil de hacer porque se ve al principio muy contraria a los conceptos tradicionales de un pastor, pero si las metas de crecimiento de su iglesia alcanzan significativamente más allá de la barrera de los 200, es necesaria. ¿Qué implica el ser un ranchero? Hace poco tiempo mi buen amigo Kent Tucker respondió la pregunta por mí. Tucker es el fundador de *Grace Church* en Aurora, Colorado. Con sólo tres años avanzó a través de la barrera de los 200 relativamente sin novedad. Una razón para esto fue que Tucker, desde el principio, estuvo de acuerdo con su gente de que él serviría como ranchero. Esto significó, entre otras cosas, que él no visitaría los hogares de los miembros, no los visitaría en el hospital, y que él no haría consejería de uno en uno de ninguna manera. Debido a que era una iglesia nueva, no hubo tradición contraria que cambiar como lo había en la mayoría de las otras iglesias. Todos los miembros nuevos aprendían que éstas son las regulaciones antes que ellos decidieran unirse a la iglesia.

Como un buen ranchero, sin embargo, Tucker ha hecho provisión para el cuidado de las ovejas por otros. Él tiene la congregación dividida en varias "miniiglesias" con un anciano que ha sido entrenado como líder de cada una de ellas. El anciano está a cargo de visitar los hogares, visitar el hospital y dar asesoramiento. El pastor mismo puede hacerlo o delegar en otra persona. Cuando aparece un problema de asesoramiento el cual necesita la intervención del pastor, Tucker verá a la persona, pero sólo si el anciano lo acompaña a ver al que necesita ayuda.

3. *¿Cuánta actividad externa puede tener el pastor a su cargo?* La visión de los pastores de crecimiento de

iglesia frecuentemente se extiende más allá de la congregación local. Una red de relaciones es construida, la cual puede abrir perspectivas más amplias para el ministerio. Estas actividades demandan la presencia del pastor como disertador o consultante.

A la luz de esto, ¿cuán dispuesta está la congregación a compartir el pastor con otros? ¿Cuánto tiempo se puede utilizar fuera de la ciudad? ¿Se le permite al pastor escribir para publicaciones durante el tiempo del ministerio? Los conceptos asumidos en estas preguntas necesitan ser hechos claros en ambas partes, a fin de prevenir futuros malentendidos.

4. *¿Coincide el pastor con nuestro perfil sociocultural?* No puedo enumerar la cantidad de conversaciones que he tenido con pastores acerca de su primera asignación a una congregación local. Muy frecuentemente un recién graduado de seminario, que nació y creció en un ambiente urbano, es invitado a servir en una congregación rural pequeña. El idealismo del estudiante típico de seminario lo ciega al rol crucial que la cultura juega en el apropiado pareamiento de pastor y congregación. El graduado piensa que todas las iglesias son iguales y dice: "Yo puedo servir a cualquier iglesia de cualquier forma". La realidad es algo diferente, dura, y usualmente la primera asignación de congregación es una pesadilla para el pastor nuevo. Usualmente esto no hiere mucho a la iglesia, porque la gente está acostumbrada a ver pastores de ese tipo. A través de la historia esto ha ocurrido mucho.

Mientras que los norteamericanos adoctrinados por la teoría de mezcla de la realidad social son típicamente reacios a hablar acerca de las diferencias de origen regional, clase, raza, educación, nivel económico, y el gusto, estos factores son sin embargo, altamente importantes en predecir si la correspondencia entre el pastor y la congregación tendrá éxito. Excepciones inusuales a la regla saltan aquí y allá; pero generalmente hablando el potencial de crecimiento será más alto cuando el nuevo pastor tenga una orientación sociocultural similar a la de la mayoría de los miembros de la congregación.

Escribir una filosofía de ministerio

Es mucho más fácil llamar a un pastor si su iglesia tiene escrita una filosofía de ministerio. Esto pone los conceptos asumidos afuera, abiertos, donde cada persona interesada puede estudiarlos y discutirlos. Es también una ayuda tremenda para la futura planificación de crecimiento de iglesia.

El término "filosofía de ministerio" es relativamente nuevo; pero altamente útil. Nos permite estar conscientes del hecho de que cada iglesia, como cada individuo, tiene una personalidad única. No hay dos iglesias que sean exactamente iguales. En verdad, las iglesias de las Asambleas de Dios son más parecidas las unas con las otras, que lo que son las iglesias Menonitas; pero hasta dentro de las Asambleas de Dios cada iglesia es diferente. De hecho, hay cuatro grandes y prestigiosas iglesias de las Asambleas de Dios en Springfield, Missouri, la central de la denominación. Todas tienen entre 500 y 1.000 miembros y son saludables. La Asamblea Central es una iglesia tradicional con un servicio bien ordenado y un prestigio, el cual apela a varios ejecutivos denominacionales y profesores. La Asamblea Calvario ha sido construida alrededor de predicadores evangelistas y presenta un poderoso servicio evangelístico los domingos por la tarde. Tiene un perfil de edad muy avanzada. La Asamblea Parkcrest es una iglesia nueva en un área de desarrollo de viviendas, y es centrada en la familia con una considerable afluencia de gente. Evangel Temple; fundada en los 60 por un profesor, usa estilos más contemporáneos de adoración y música y esto atrae estudiantes y jóvenes adultos. Todas son buenas iglesias; pero diferentes.

Los líderes de crecimiento de iglesia han aprendido no sólo a vivir con diversidad, sino a regocijarse en ella. Los no creyentes vienen en una gran variedad que mientras más diferentes tipos de iglesia haya, más opciones tienen de encontrar a Jesucristo.

No hay iglesia que pueda hacer todo. No hay iglesia que pueda llenar las necesidades de todos. No hay iglesia que pueda ministrar bien a toda la gente. Por lo tanto, deben hacerse elecciones concernientes a la excelencia en ministerio. Es una pobre aproximación el decir: "Nosotros vamos a corresponder en una pequeña cantidad de cada cosa para cada persona". Las estaciones de radio descubrieron hace tiempo que es mejor especializarse. Las estaciones de rock no se mezclan ni una pizca con música clásica o viceversa. Si ellos lo hubiesen hecho su clientela hubiera descendido a prácticamente nada. Es mejor el definir prioridades de ministerio y hacer pocas cosas bien hechas que intentar hacer varias de forma mediocre.

Déjeme ilustrarle lo que quiero decir al describir brevemente cuatro iglesias en el área de Los Ángeles, las cuales admiro grandemente. Estas cuatro iglesias con una asistencia que va de 1.000 a 8.000 personas están obviamente alcanzando las necesidades de grandes cantidades de personas. Pero sus filosofías de ministerio son dramáticamente diferentes.

La iglesia estilo salón de clase[2] se centra en la enseñanza de la Palabra de Dios. La adoración es construida alrededor de 45 a 60 minutos de exposición del mensaje verso por verso. Muy poco tiempo es dedicado a cantar, "adorar", anuncios, ofrendas o liturgia. La gente no asiste mucho sino es para aprender más acerca de la Biblia. Ellos llevan un par de versiones de la Biblia para compararlas, junto con libretas de notas. Bocetos del sermón son distribuidos y el click-clack de los anillos de las libretas de notas son parte del nivel usual de ruido. Las prioridades de ministerio de las iglesias del salón de clases son tomadas en gran parte de la agenda de los creyentes. Uno de los ejemplos de la iglesia salón de clase es *Grace Community Church of the Valley* (la Iglesia Comunitaria de Gracia del Valle) en Panorama City, California. En un domingo promedio 8.000 personas del valle de San Fernando se dirigen a los servicios a escuchar al pastor John MacArthur exponiendo la Palabra.

La iglesia de situación de la vida es significativamente diferente. Establece prioridades de ministerio primeramente en la agenda, no de los creyentes, sino de los no creyentes. Su ministerio frontal es para los que no han sido alcanzados por la iglesia. Mi ejemplo es la Catedral de Cristal en Garden Grove en California, pastoreada por Robert Schuller. Schuller dice que a él no le gusta predicar, sino testificar. Sus sermones son cortos, disertaciones de tópicos, que incluyen ilustraciones personales. Él raramente cita la Biblia porque hizo un proyecto de investigación hace algunos años y descubrió que la gente no alcanzada por la iglesia del Condado de Orange donde se encuentra ubicada, no creía en la Biblia. Así que dirige sus sermones a las necesidades de la familia, el trabajo, la situación financiera, la estima personal y las emociones, explicando cómo Jesús puede llenar tales necesidades. La arquitectura es importante. La iglesia está hecha de 10.000 piezas de vidrio con piscinas reflectoras y fuentes, no sólo en la parte externa, sino también en el área central del santuario. La música es importante, y la iglesia ha invertido en uno de los más grandes y espectaculares órganos de tubos, literalmente hablando, en el mundo. Los eventos especiales son importantes tales como una presentación espectacular de Navidad presentando animales vivos. El año pasado 80.000 personas pagaron 10 dólares cada una para verla. La asistencia al culto de adoración en la Catedral de Cristal es alrededor de 8.000 personas.

La *iglesia de la generación del rock* es algo más. Se dirige a los jóvenes entre 18 y 30 años. El ejemplo es la Comunidad Cristiana del Viñedo de Yorba Linda, California, pastoreada por mi amigo cercano y colega, John Wimber. Una adoración libre y alabanza es una alta prioridad de ministerio con un total de 45 minutos de ininterrumpido canto de coro al principio del servicio. No hay órgano de tubos, sino guitarras, tambores y un teclado electrónico el cual es tocado por Wimber mismo. La adoración prepara un ambiente para una inusual poderosa presencia del Espíritu Santo quien ministra a través de profecías, lenguas, señales, milagros, liberaciones y danzas en el Espíritu. La vestimenta es importante. Los hombres no usan corbatas y las mujeres no usan faldas, la gente se viste como si estuviera asistiendo a un concierto de rock; pero no hay música rock. El lugar es importante. Los servicios son realizados en el gimnasio de una escuela el cual es muy caliente, lleno de cosas y olor para una generación más adulta. Los grupos de hogares, llamados grupos *kinship* son importantes. Hay miembros del Cuerpo ministrándose los unos a los otros. En seis años la Comunidad Cristiana del Viñedo creció de 17 a 5.000.

La *iglesia altamente espiritual* tiene una cuarta filosofía de ministerio. Está dirigida a creyentes quienes debido a su vida, necesitan una experiencia emocional fuerte semanalmente. Mi ejemplo es la Iglesia Bautista Paraíso, una de las iglesias negras más prominentes de Los Ángeles, la cual visité hace un tiempo y estaba pastoreada por el fallecido Aarón Iverson. La música es importante, pero es ligeramente diferente de las tradiciones de la Catedral de Cristal o de los coros del Viñedo. Presenta un fuerte ritmo con muchas palmas y desborde de gran emoción. El sermón es cristocéntrico, muy fácil de entender, práctico y sencillo. Ninguno tiene una libreta de notas. La gente espera sentir y experimentar el sermón. Hay un intercambio dinámico de gritos entre el púlpito y las bancas. El nivel de sonido es extremadamente alto. Los ujieres, hombres y mujeres, todos vestidos de uniforme con guantes blancos, están a la mano para cuidar de aquellos que se desmayan abrumados por la emoción. Son llamados ocasionalmente para cargar gente que está pateando y gritando bajo el poder del Espíritu Santo. La iglesia posee una cripta, cumpliendo la necesidad cultural tradicional por un seguro sepelio, para aquellos que deseen ser sepultados en ella; y la cripta es anunciada a todo color en la cubierta posterior del boletín de 10 páginas de la iglesia. Cuando la visité la asistencia era de 1.000 personas.

He hablado con laicos de las cuatro iglesias y he descubierto un sentimiento general entre ellos, de que su iglesia en particular es la número uno. Ellos creen que su filosofía de ministerio es la mejor y la más bíblica. Desde mi perspectiva, sin embargo, veo las cuatro filosofías de ministerio como buenas, verdaderas y que placen a Dios. Pero ellas son ciertamente diferentes, cada una está alcanzando y ministrando a diferentes tipos de personas.

Su iglesia es probablemente diferente de las cuatro que he mencionado. La mía lo es. Pero, ¿cuán diferente es? ¿Qué tiene su iglesia que otras iglesias en su comunidad no tienen? Al trabajar en verbalizar su filosofía de ministerio, hay varias cosas que necesitará considerar. Nombraré unas pocas, entiendo que la lista no es exhaustiva. Considere su *formato de adoración* con su orden de servicio, su liturgia, el nivel de sonido, respuesta esperada de la audiencia, puntualidad, estructura suelta o ajustada, espontaneidad y relaciones interpersonales tal y como saludar a los visitantes. Considere su *programa musical* con el estilo de música, la cantidad, los roles del coro y la congregación, los instrumentos usados. Considere su *estilo de predicar*, si es expositorio o topical, cognitivo u orientado por la experiencia, serio o emotivo, la duración del sermón y la invitación, si es que hay alguna. Considere las *necesidades sentidas de la audiencia* las cuales están frecuentemente especificadas por la situación sociocultural, el nivel educacional, y a veces la preferencia ocupacional de la gente. Considere el *estilo de liderazgo* el cual he elaborado en otras secciones de este libro.

Considere su *orientación carismática o no carismática* con el público o el uso privado de los dones espirituales. ¿Están alentados, tolerados o prohibidos, los dones carismáticos? Considere sus *estructuras de comunión*, incluyendo sus regulaciones en células en hogares, clases de Escuela Dominical para adultos o grupos de intereses especiales. Considere la función de la *Escuela Dominical*; si es para adultos o niños, o para ambos, para un impulso cognitivo o para comunión. Considere su *estrategia evangelística* y su actitud hacia las invitaciones públicas, visitaciones puerta por puerta, uso de programas disponibles en el mercado denominacional o el mercado abierto. Considere su *actitud hacia los asuntos éticos* tales como tomar posiciones políticas, alimentar a los pobres, divorcio, aborto, bebida, obesidad, homosexualidad, fumar, etcétera. Finalmente, considere su *tamaño*. Parte de su filosofía de ministerio debe ser una búsqueda inteligente de la voluntad de Dios acerca del cual es el tamaño óptimo necesitado para conducir efectivamente la filosofía de ministerio que ha establecido. Esto hará una diferencia sustancial en su planificación futura.

Una vez que haya ido a través de estos temas y otros los cuales son importantes para usted, está listo para escribir la filosofía de ministerio para su iglesia. Al ir haciéndolo, tenga en mente estas cinco características de una dinámica filosofía de ministerio.

Es explícita. Debe ser escrita, no sólo tomada como hecha. Escribiendo disciplinas pensantes, y a través de varias versiones, Dios le irá revelando cosas nuevas y creativas.

Es mutual. La filosofía del ministerio es la misma tanto para el pastor como para la gente. Varias iglesias se meten en problemas y no pueden crecer porque la gente tiene una serie de expectativas; pero el pastor está desarrollando una agenda diferente.

Es una convicción. Si no cree que su filosofía de ministerio es la mejor y la más bíblica, necesita trabajar en ella algo más. Usted debe respetar a otras iglesias, pero espero que crea en su corazón que su iglesia es la número uno.

Es estable. Las iglesias que cambian su filosofía de ministerio frecuentemente pierden potencial de crecimiento. Si la filosofía de ministerio está funcionando, llame a un pastor que esté de acuerdo con ella de antemano.

Está abierta a modificaciones. Esta característica da balance a la anterior. Nada debe ser situado en concreto. Si los defectos se hacen evidentes ellos deben estar sujetos a cambio; mi recomendación es, mantenga su filosofía de ministerio abierto al cambio, pero no los cambie muy fácilmente.

Diagnosticando la salud de su iglesia

Como puntos de inicio para un proceso de crecimiento en su iglesia he mencionado: *Llamando al pastor correcto y escribiendo una filosofía de ministerio.* Mi tercera sugerencia es: *Diagnosticar la salud de su iglesia.*

La iglesia es usualmente mencionada en la Biblia como el Cuerpo de Cristo. Un cuerpo, como todos sabemos, puede estar enfermo o ser saludable. Si está saludable, está exhibiendo la mayor parte de los siete signos vitales los cuales he mencionado en mi libro "Your Church Can Grow" (Regal Books, 1976) y el cual he descrito en alguna parte más de este libro. En la mayoría de los casos una iglesia saludable estará creciendo. Si la iglesia no es saludable y no está creciendo puede ser que esté sufriendo una de las enfermedades que detiene o atrasa el crecimiento. En otro libro, *Your Church Can Be Healthy* [Su iglesia puede ser saludable] (Abingdon Press, 1979), trato de atender e identificar ocho de las mayores enfermedades que pueden inhibir el crecimiento. Pienso que será muy bueno revisarlas un poco.

Etniquitis es una de las dos enfermedades terminales en la lista. Esta es la enfermedad causada por una comunidad cambiante y es la más grande asesina de iglesias en Norteamérica. Aflige a iglesias de vecindario las cuales típicamente dibujan su membresía de la comunidad inmediata que las rodea. Ellos han crecido a través de los años ministrando las necesidades de la gente en el vecindario; pero debido a circunstancias más allá de su control, el vecindario ha cambiado con nuevas familias unas que se van y otras que vienen. En una *etniquitis* avanzada un gran número de miembros de la iglesia ahora asisten a los servicios de adoración de las comunidades circundantes, y la iglesia no ha construido un programa ministerial para la gente nueva en la comunidad. Siendo así la iglesia tiende a morir.

Vejez. Como la *etniquitis*, es terminal y causada también por factores contextuales locales. No es una enfermedad de una comunidad cambiante sino de una comunidad en desintegración. La vejez es usualmente una enfermedad rural mientras la etniquitis es usualmente urbana. Algunas comunidades rurales se están volviendo cada vez más y más pequeñas, los negocios están cerrando y las familias granjeras están siendo reemplazadas por grandes corporaciones agrícolas. Las iglesias en situaciones como ésta en un muy pequeño pueblo, si es que se le puede llamar así, su potencial de crecimiento sufrirá una parálisis, y si el proceso social continúa de la misma manera un poco más de tiempo, morirán irremediablemente. Tenga en cuenta de que no hay nada que la Junta de Ancianos o el pastor puedan hacer con respecto a las condiciones que causan la *etniquitis* o la vejez, y por lo tanto no hay razón para que la iglesia se sienta culpable acerca de esta enfermedad. Necesita un cuidado especial.

Ceguera de la gente. Ocurre cuando las iglesias no reconocen las diferencias culturales las cuales pueden crear grandes barreras entre los hermanos por causa de la poca comunicación de la Buenas Noticias. La noción de que "nuestra iglesia puede ganar a cualquiera" es una buena retórica; pero un pobre pensamiento acerca del crecimiento de iglesia. Dios le ha dado a su iglesia la habilidad de alcanzar sólo a un número limitado y a un tipo de gente específica y esto debe hacerlo bien y con mucho cuidado. Esta es la razón por la cual mencioné esto, al escribir una filosofía de ministerio, necesita ser explícito acerca del perfil sociocultural de su congregación. Mientras que la ética bíblica no permite que una iglesia desarrolle una filosofía de ministerio racista o segregacionista, ella no prohíbe delimitar el evangelio y dar prioridad a ciertos segmentos de la población. A la misma vez, necesitan esfuerzos para ver que otras iglesias estén establecidas, las cuales estén calificadas para alcanzar cada uno de los segmentos de la sociedad. De esa manera el cuerpo total alcanza a la población total.

Hipercooperativismo. Se asienta cuando una iglesia piensa que su problema de crecimiento será solucionado al unirse a un programa evangelístico cooperativo con otras iglesias. Un gran número de investigaciones que van en aumento indican que hay poca relación directa entre programas evangelísticos cooperativos, como los conocemos, con el crecimiento de las iglesias participantes. Nada puede sustituir un buen programa de evangelización de la iglesia local con la aplicación de los principios de crecimiento de iglesia. El hipercooperativismo, sin embargo, es una enfermedad curable, y algunos modelos nuevos de evangelización cooperativa están siendo experimentados ahora con un buen resultado rumbo hacia un futuro brillante.

Koinonitis. Ha sido mencionada anteriormente como una inflamación de la comunión. Cuando los cristianos desarrollan la *koinonia* o comunión a tal grado de exageración que toda su atención y energías son absorbidas por otros cristianos, una miopía evangelística puede asentarse. Los perdidos están alrededor de la iglesia; pero ellos ya no son una prioridad. Cuando esos perdidos son alcanzados por el mensaje de salvación y van llegando a la iglesia, ya los círculos de comunión han sido hechos, y son tan herméticos que la gente nueva no encuentra por donde entrar, entonces estos nuevos hermanos se sienten defraudados y son una amenaza para las iglesias con koinonitis.

Estrangulación sociológica. Aflige sólo a las iglesias que están creciendo. Ocurre cuando las facilidades físicas de la iglesia no pueden atender el flujo de más gente. La capacidad del santuario es una de las áreas vulnerables para estrangulación. Si en un servicio regular están ocupados más de 80% de los asientos, la iglesia ha empezado a perder miembros potenciales. La otra área más vulnerable es el espacio de estacionamiento de automóviles. En las horas de más tráfico los autos no deben estar estacionados en las calles, deben haber espacios vacantes en el campo de estacionamiento. Si no los hay y el estacionamiento está lleno y con aceite derramado en el pavimento, la iglesia va a tener un problema de crecimiento que necesita ser solucionado.

Desarrollo espiritual detenido. Ocurre en las iglesias que no están bien alimentadas con la Palabra de Dios. Desde que, como la Biblia dice: "Dios da el crecimiento"; el verdadero crecimiento de la iglesia es en fin el trabajo de Dios. Pero ordinariamente Él decide trabajar a través de instrumentos humanos, y el pueblo cristiano son los instrumentos que Dios usa para producir el crecimiento de la iglesia. Desafortunadamente, sin embargo, en algunas iglesias los miembros no son instrumentos convenientes para ser usados por Dios. El nivel espiritual en esas iglesias es muy bajo. La iglesia reporta baja en la escala de calidad. En algunos casos los miembros no son nacidos de nuevo. No sorprende que no pueda ocurrir un crecimiento normal.

El *síndrome de San Juan*. Es llamado así por el apóstol Juan quien escribió el libro de Apocalipsis y describió las siete iglesias de Asia Menor. Las iglesias eran de aproximadamente 40 años de edad y la mayoría se habían vuelto nominales. Las iglesias de la segunda generación las cuales no habían añadido miembros regulares se volvían generalmente muy nominales y su crecimiento se hacía lento o se detenía. Ellas eran tibias y no recibían más la bendición vital de Dios en el crecimiento.

Si usted sospecha que su iglesia puede tener una o más de estas enfermedades. ¿Qué puede hacer acerca de esto? Por un lado, puede llamar a un experto tal y como lo hace cuando su cuerpo físico está enfermo. Los médicos de iglesia no están tan disponibles como los médicos de humanos; pero su número está creciendo rápidamente. Mi colega Carl F. George, quien dirige el Instituto de Evangelización y Crecimiento de Iglesia Charles E. Fuller, ha desarrollado el primer programa de entrenamiento a nivel profesional para consultantes de crecimiento de iglesia. Él ahora supervisa una red expansiva a nivel nacional de consultantes capacitados. Esta gente sabe cómo diagnosticar enfermedades de iglesia y prescriben remedios si la enfermedad es curable. Ellos son aún un poco caros; pero más y más las iglesias están considerando los costos de consultantes como otro aspecto del precio que se necesita pagar para crecer. Si quiere más información puede escribir a: Carl F. George, Charles E, fuller Institute of Evangelism and Church Growth, Dept. 352.230, P.O. Box 91990, Pasadena California 91109-1990, EE.UU.

Como se sabe que no todas las iglesias pueden pagar a un consultante, el Instituto Fuller ha desarrollado también un número de herramientas de diagnóstico que puede usarlas usted mismo. La principal es una barata llamada *Diagnostic Clinic* (Diagnóstico clínico) que el pastor puede usar en guiar los líderes laicos a través de un diagnóstico propio. Esto es indicado en mi libro "Your Church Can be Healthy" (Abingdon Press,1979), el cual también recomiendo. Estas herramientas no sólo le ayudan a mirar su iglesia misma, sino que también le ayudan a analizar el potencial de crecimiento en la comunidad circundante.

El sorprendente poder de fijar metas

Si usted tiene un pastor de crecimiento de iglesia en una posición de liderazgo, si usted conoce y cree en su filosofía de ministerio, y si usted ha hecho un diagnóstico realista de la salud de su iglesia, está listo para mirar hacia el futuro. ¿Qué es lo que piensa que Dios quiere que sea su iglesia dentro de cinco años?

Responder a esta pregunta puede parecer de alguna manera inocuo, pero no lo es. El abrumador consenso de individuos a quienes Dios ha bendecido con iglesias grandes y que están creciendo es tal que nunca hubiera podido ser si no se hubiera hecho con la fe y la seguridad requerida en fijar metas. Estoy de acuerdo con Arthur

Adams quien dice: "La fe es la más importante cualidad de un líder. Un compromiso con algo tan fuerte que afianza la vida del líder y que es contagioso".[3]

Uno de los pastores jóvenes más dinámicos que conozco es Rick Warren, pastor de la Iglesia Comunitaria del Valle de Saddleback en Laguna Hills, California, a quien he mencionado previamente. Él fundó su iglesia el Domingo de Resurrección de 1980, y ha fijado una meta pública de 20.000 miembros para el año 2020. Esta es una meta de largo alcance, y cada trimestre él evalúa el progreso y fija metas de corto alcance de acuerdo a como sea apropiado. La iglesia está en su cuarto año y está yendo directo hacia el blanco. Hubo 1.000 personas en la asistencia en el Domingo de Resurrección de 1983, aunque, por supuesto, la asistencia promedio es más baja. Rick Warren es una de esas personas que tiene la habilidad de analizar y verbalizar lo que hace. Él dice: "La fe de la iglesia nunca es más grande que la visión de su pastor". Para Warren, su principal responsabilidad es soñar con el futuro. "Puedo contratar gente con dones espirituales que yo no tengo", dice él, "pero yo no puedo delegar a otros el creer en Dios por mí". Él se atreve a creer en Dios para grandes cosas.

La iglesia más grande del mundo, pastoreada por Paul Yonggi Cho, tiene más de 300.000 miembros en el momento que escribo este libro. Su meta pública es de 500.000 miembros para fines de 1984, el centenario del cristianismo en Corea. Cho dice: "El requisito número uno para tener un crecimiento de iglesia real (crecimiento de iglesia ilimitado) es el fijar metas".[4] Él, por supuesto, no fue siempre el pastor de una iglesia grande. Empezó en una tienda. Pero Cho dice que en los comienzos de su ministerio: "Dios me mostró la importancia de fijar metas y tener fe en que Él proveerá el crecimiento que he soñado". El primer año pidió 150 miembros y los consiguió. Fijó metas para duplicar las cifras en el segundo y tercer años sucesivamente y lo hizo, finalizando con 600. Entonces su fe creció lo suficiente como para pedir a Dios 3.000 en los próximos tres años, y alcanzó la meta.[5] Él ahora tiene la fe suficiente como para confiar en Dios por medio millón de personas.

Fijar metas es un proceso sin fin. La fe construye fe. Robert Schuller dice: "Por todos los medios, fija metas más allá de tus metas. Y si hay algún obstáculo en el camino que te impida establecer metas más grandes, recuerda: debes tener la seguridad de que estos obstáculos deben ser vencidos a cualquier precio, o acepta el hecho de que la semilla de la enfermedad y la muerte está sembrada".[6] Es muy triste para varias iglesias el día que la hipoteca es completamente saldada y no hay más planes para una nueva expansión.

Descubrir el sorprendente poder libre a través del proceso de fijar metas es una cosa, pero fijar metas es otra. Debe estar seguro de que sus metas son buenas metas. Pruébelas contra estas cinco características:

Primero: Debe tener seguridad de que sus metas son relevantes. Deben ser las metas correctas. Insista en que su programa evangelístico, por ejemplo, haya establecido metas para hacer discípulos, no tan sólo que hagan decisiones por Cristo. Usted usualmente le da a lo que tiene por blanco. Además, para que las metas sean relevantes éstas deben ser basadas en la realidad. A través de un diagnóstico de la salud de su iglesia, se proveen las bases sobre las cuales se pueden fijar metas relevantes.

Segundo, sus metas deben ser medibles. Hay poco valor en fijar alguna meta vaga para la cual no tiene un instrumento de medida. Entonces la medida debe ser tomada a través de un determinado período de tiempo. Cada meta que vale la pena incluye un período definido de tiempo. Y finalmente, debe haber algún sistema responsable desarrollado dentro del proceso. Esta es un área de frecuentes problemas porque implica riesgos; pero debe estar seguro de que otra persona que no sea usted, le mantendrá responsable en lograr la meta cuando llegue el momento. Anunciar la meta públicamente como lo han hecho Rick Warren y Paul Yonggi Cho es una de las mejores formas de asegurar responsabilidad.

Tercero, una buena meta es significativa Huya de las metas magras y aprenda a confiar a Dios para cosas grandes. En un punto crucial del desarrollo de la iglesia del Camino, el pastor Jack Hayford recibió una palabra especial de Dios. Él sintió, cuando aceptó por primera vez el llamado a la iglesia, de que estaba siendo consignado a un oscuro y pequeño pastorado. Entonces Dios le habló directamente cuando manejaba su automóvil a través de Hollywood Freeway y dijo: "Tú no deberías estar pensando en algo demasiado pequeño, o te vas a cruzar en Mi camino; porque Yo me he dispuesto a hacer un gran trabajo".[7] Después de esa experiencia Hayford no se preocupó en pensar en pequeño. Él fijó grandes metas y ahora pastorea una de las iglesias más grandes de Norteamérica. Cuando la meta es lo suficientemente significativa como para hacer diferencia, no sólo el pastor sino la gente siente su fe desplegada y fortalecida.

Cuarto, la meta también debe ser manejable. Esto nos da un balance del factor de significancia y nos ayuda a entender que una meta no debe estar obviamente fuera de alcance. Llegar con ilusiones falsas y fijar metas ridículas es contraproducente y produce mucha frustración de tal manera que algunas personas que lo hicieron, ya no quieren volver a fijar metas. Pero no lleve esto muy lejos de modo que empiece a tratar con cosas triviales. Es mejor intentar algo grande y fracasar que intentar nada y tener éxito. Elmer Towns dice que algunos años atrás el pastor Jerry Falwell de la Iglesia Bautista de

Thomas Road en Lynchburg, Virginia, era lo suficientemente audaz como para fijar una meta de 12,000 personas en la Escuela Dominical. La meta no fue alcanzada, y Falwell dijo: "Esta es la primera vez que me disculpo por tener 9,172 personas en la Escuela Dominical".[8]

Finalmente, las buenas metas son personales. Debe estar seguro de tener propiedad de la meta en la parte de aquellos quienes son esenciales para el cumplimiento de la misma. Muchísimos pastores han fijado metas en las que creen; pero la gente no las cree, y las metas, por supuesto, naufragan. Usted puede evaluar el nivel de propiedad de la meta midiendo el compromiso de la gente con respecto a tiempo, dinero o energía para su cumplimiento. Esto es crucial y todos los dones y capacidades de liderazgo descritos en otras secciones de este libro necesitarán ser empleadas para estar seguros de que sucederá.

Muchos de los líderes de las iglesias pueden fijar metas de acuerdo a estos principios sin mucho problema. Aquellos que quieran alguna ayuda adicional, sin embargo, pueden querer saber acerca de un par de recursos. Primero que nada, el *Diagnostic Clinic* producido por el Instituto Fuller (Dept. 352-230, P.O. Box 91990, Pasadena, California, 91109-1990) el cual mencioné anteriormente está diseñado para estimular un ejercicio de fijar metas con una apropiación de metas construida dentro del proceso. Varias iglesias han encontrado esto extremadamente útil. Un segundo recurso es un libro de trabajo que Bob Waymire y yo hemos compilado, llamado *The Church Growth Survey Handbook.* Le ayudará a dar algunos diagnósticos significativos de su iglesia y le llevará paso a paso a través de hacer proyecciones para el crecimiento, con fe. Está disponible por $3.50 dólares más gastos de envío, escribiendo a Global Church Growth, P.O. Box 66, Santa Clara, California 95052, EE.UU.

NOTAS

1. Lyle E. Schaller, *The Pastor and the People*)Nashville: Abingdon Press, 1973), p. 27.

2. La designación “classroom church” y “life-situation church” son tomadas de *All Originality Makes a Dull Church* de Dan Baumann (Ventura, CA: Vision House, 1976) un excelente libro que desafortunadamente está fuera de imprenta y agotado.

3. Arthur Merrihew Adams, *Effective Leadership for Today's Church* (Philadelphia: Westminster Press, 1978), p. 1.

4. Paul Yonggi Cho, *Successful Home Cell Groups* (Plainfield, NJ: Logos International, 1981), p. 162.

5. Ibid., p. 2.

6. Robert H. Schuller, *Your Church Has Real Possibilities* (Ventura, CA: Regal Books, 1974), p. 83.

7. Jack W. Hayford, *The Church on the Way* (Lincoln, VA: Choosen Books, 1982), p. 24.

8. Elmer L. Towns, *America's Fastest Growing Churches* (Nashville: Impact Books, 1972), p. 205.

7

Manteniendo el crecimiento en curso

El capítulo final está dirigido a los pastores; pero los laicos también se beneficiarán de su lectura. Asumiendo que las piezas están en su lugar para el crecimiento, que los pasos diseñados en el último capítulo han sido tomados, y que algo de crecimiento ha empezado, yo he seleccionado siete áreas en las cuales los pastores deben mantener puestos los ojos a fin de construir y sostener el momento de crecimiento. Hay más de siete áreas que podrían ser mencionadas y mucho más podría ser dicho acerca de cada una. Pero hace mucho aprendí que es imposible decir todo esto en sólo un libro, así que he tratado de ser muy selectivo y escoger las áreas de más alta prioridad.

El pastor como agente de cambio

Estuve de alguna manera sorprendido al ver cierta investigación reciente en la forma norteamericana en que los pastores se relacionan con la programación de la iglesia; pero mientras más lo examino, se ve más realísta. La investigación concluye con que 5% de los pastores norteamericanos *inventan*. Ellos son creativos y pueden diseñar sus propios programas. Otro 15% *adapta*. Ellos son innovadores y tienen la habilidad de tomar principios y programas de otro y adaptarlos para que sean precisos para determinada situación. Pero 80% de pastores *adopta*. Ellos no están particularmente interesados en hacer sus propios programas o en introducir cambios en el programa existente. Ellos sólo tienen el tiempo y la habilidad de implementar un programa que les ha sido dado con muy poco o ningún cambio y varios de ellos pueden implementarlo con mucha capacidad. En mis clases de crecimiento de iglesias y escritos trato de ayudar a los pastores a moverse de 80% de adoptadores a 15% de adaptadores. Los inventores son una especie aparte.

Los pastores que intentan aplicar principios de crecimiento de iglesias a sus iglesias, funcionan como agentes de cambio. Eso significa que ellos están enfrentados con un grupo social (la congregación) la cual a través de los años ha desarrollado ciertas tradiciones de vida de iglesia. Estas tradiciones en un grado u otro se ha vuelto parte de su propia identidad. Algunas de ellas son considerablemente difíciles de cambiar; pero ellas necesitan ser cambiadas a fin de que la iglesia crezca. ¿Cómo va a hacer que esto ocurra?

Repitiendo lo que dije antes, el primer paso indispensable en guiar una iglesia a través del cambio es ganar el derecho de guiar a la gente. Esto es logrado al proveerles a ellos el hecho de que usted es su siervo, y esto típicamente toma de tres a seis años, aunque puede ocurrir antes. Grandes dosis de paciencia, amor, sensitividad y persistencia son llamadas a escena. Una vez que usted es aceptado como el líder, entonces está en la posición de introducir innovación. Por cada gran cambio, sin embargo, necesitará tomar al menos cuatro pasos.

Primero, comparta su visión. La visión de por dónde Dios quiere que la iglesia vaya es usualmente canalizada a través del pastor. Mientras que hay excepciones a esto, éste ha sido el caso en que virtualmente cada estudio de crecimiento de iglesia que he realizado está basado. Pero para ser efectivo, la visión debe ser comunicada a la gente en una forma que los emocioné y los motivé a hacer su parte para hacerla realidad. Los canales apropiados de comunicación varían de iglesia en iglesia; pero el púlpito es una constante. Sin embargo, el púlpito es tan poderoso que usted necesita estar seguro de que el campo de trabajo ha sido apropiadamente presentado antes de anunciar sus metas. Varios pastores han tomado un año para preparar un anuncio desde el púlpito acerca de una gran innovación tal y como un programa de construcción del santuario. Los boletines y panfletos son usados comúnmente; pero no hay sustituto a la visión que ha sido apremiada por el pastor tan sobreabundantemente que cada persona que está en contacto con él está obligado a tomar parte de ella. Las visiones son tomadas más que enseñadas.

Segundo, acumular retroalimentación, hay sabiduría en una multitud de consejeros. Si Dios le ha dado la visión, usualmente vendrá en una forma embriónica y necesitará una gran cantidad de refinamiento detallado y desarrollo, antes de que se pueda hacer realidad. Aquí es donde necesita el consejo de su gente. No sólo necesita sus ideas, si no que también necesita que ellos sientan como que la visión es también de ellos, y para algunas personas esto significa tener una oportunidad de contribuir con sus ideas para cualquier cosa que sea útil. Así que de una alta prioridad al abrir canales para la retroalimentación.

He mencionado previamente a mi amigo Kent Tucker, pastor de *Grace Church*, en Aurora, Colorado. Él es un agente de cambio capacitado. He sido capaz de observar en detalle los excelentes mecanismos de retroalimentación-producción que él creó cuando una decisión fue necesitada para salir adelante en nuevas facilidades, tanto temporales como permanentes. En un período de siete semanas, Tucker distribuyó un documento de cuatro páginas declarando su posición a toda la congregación el domingo en la mañana. Cada uno contenía una declaración la cual decía: "¿Cuál es tu respuesta? Queremos y necesitamos tu contribución". Al final del período de dos meses, Tucker no sólo obtuvo el beneficio de algunas buenas ideas de su gente; sino que también tenía a la gente con él; porque él sentía que ellos habían contribuido personalmente a los planes para el crecimiento. Pero esto no fue todo. Kent Tucker aseguró que durante el proceso, él había hecho contacto personal a través de compromisos de desayunos y almuerzos con todas las personas en la iglesia que él pudo identificar como formadores de opinión. Ellos incluían a aquellos quienes estaban en posiciones oficiales de la iglesia y también a aquellos quienes ejercitaban su influencia a través de redes informales de relaciones en la iglesia.

Tercero, promueva la armonía en el cuerpo. Como un agente de cambio debe darse cuenta de que la gente de su congregación caerá a través de un espectro desde radicales a través de progresistas y conservadores hasta tradicionalistas en el otro extremo. Sabiendo en qué categoría, la gente con la que está tratando, va a caer, le ayudará a decidir qué tipo de aproximación tomar. Necesita enfriar un poco a los radicales. Si no lo hace, ellos le presionarán fuertemente y muy pronto ello perturbará la armonía de todo el grupo. Los progresistas son sus aliados naturales. Ellos están a favor de un cambio moderado. Los conservadores no le permitirán moverse muy rápido. Permitirán el cambio; pero no fácilmente. Ellos le ayudarán a aguzar sus razones para hacer lo que está haciendo. Los tradicionalistas, quienes se oponen al cambio de cualquier tipo, pueden ser su problema más grande. Debe hacer lo mejor para ganárselos; pero si no puede, tendrá que vivir con su voto "No" o en algunos casos reconciliarse usted mismo con el hecho de que ellos necesitan irse a otra iglesia porque están obstruyendo la armonía congregacional. Esta es frecuentemente una posición muy dificultosa y difícil de tomar.

Cuarto, discierna el tiempo apropiado. No hay una fórmula para saber cuándo tomar el voto congregacional crucial o hacer un anuncio clave desde el púlpito. Es algo que puede tan sólo ser sentido. Esta es una institución que viene de Dios, y por esta razón mucha oración debe ser invertida en este punto. Cuando sepa que ha obtenido la propiedad de la meta, tiene su mejor indicio para seguir adelante. Si la gente se siente parte del proceso de cambio, y si ellos han comprendido verdaderamente la visión, entonces usted puede movilizarlos a hacer las contribuciones de tiempo, energía, y dinero necesarios para que el cambio tenga lugar.

Al ir avanzando el proceso de cambio, también querrá planear una acción en estas siete áreas las cuales son componentes cruciales de construir y sostener el momento de crecimiento.

Orar por más fe

En 1977 el pastor Al Henson se graduó del Liberty Baptist Seminary en Lynchburg, Virgina. Mientras estuvo entre los estudiantes se levantó como una persona de oración y fe. Antes de que fuera al seminario, Dios lo llamó para plantar una nueva iglesia en Nashville, Tennessee; así que él oró por esto los tres años que estuvo en el seminario. Después de su graduación, Al Henson y su esposa se mudaron a Nashville y empezaron los servicios en el cuarto de recreación del complejo de apartamentos donde vivían. Ellos empezaron con una congregación de 41personas, y la iglesia creció hasta tener 5.000 en cinco años. Una de las razones principales para el crecimiento de esta iglesia, llamada Iglesia Bautista Lighthouse, fue una seria y sostenida oración.

Elmer L.Towns dice que cuando la iglesia tenía tan sólo dos meses de edad, Henson conducía por la Autopista Interestatal 24 y cruzó una propiedad la cual él reclamó para la iglesia. El propietario se rehusó categóricamente a vender, así que Hendson volvió, cruzó el límite de la propiedad y oró por ella. Y el Señor hizo la obra, en tan sólo tres días que estuvo orando para que Dios tocara el corazón del propietario. Pasados los tres días visitó al propietario una vez más y le compartió su visión de ganar Nashville para Cristo. Al día siguiente el propietario llamó a Henson y le dijo: "El Señor me habló como nunca me ha hablado antes. Yo sé que Dios quiere que tengas esta propiedad". Y añadió que habían ciertos requisitos financieros que había que arreglar. Todo fue cumplido conforme a la ley, y en 90 días todo estaba listo, se veía claro otro milagro del Señor.[1]

Mi interpretación de la dinámica en el estudio de este caso es que sin el tiempo especial de oración y ayuno del pastor Henson, la Iglesia Bautista Lighthouse hoy en día no tendría cerca de las 1.000 personas en asistencia. La oración es un factor de crecimiento que no ha sido acentuado lo suficiente en la literatura de crecimiento de iglesia. Todos los hechos aún no son conocidos, pero se ve que la mayoría de pastores norteamericanos son sorprendentemente bajos en su ministerio de oración. Un estudio los muestra con una hora de oración semanal promedio, lo cual arroja entre ocho y nueve minutos diarios.[2] El pastor coreano promedio, quien pasa de una a tres horas de oración diarias, estaría horrorizado. Tenemos muchísimo que aprender.

Una de las áreas que podría ser acentuada con beneficio en las iglesias norteamericanas es el ayuno bíblico. Sin duda hay algunas dinámicas espirituales liberadas a través del ayuno que de otra manera permanecerían dormidas. Paul Yonggi Cho dice: "De hecho, 90% de las oraciones que han tenido respuestas definidas son aquellas que han sido combinadas con ayuno".[3] Varios miembros de la Iglesia Central del Evangelio Completo en Seúl, Corea, ayunan regularmente una vez por semana. Ocasionalmente lo hacen por tres días; algunos lo han hecho por 15 ó 20 días; y unos pocos siguieron el ejemplo de Jesús y ayunaron 40 días.

Yo sugiero que mientras ora y ayuna, pida a Dios que le lleve a un nivel más alto de fe. Yo veo la fe cristiana activa en cuatro niveles, con la mayoría de nosotros localizados en los niveles uno y dos.

El primer nivel de fe, es el de una fe salvadora. Creer en Jesús para la salvación es el primer paso de la vida cristiana. "Porque por gracia sois salvos, por medio de la fe" (Efesios 2:8).

El segundo nivel, es el de una fe santificadora. La fe es el fruto del Espíritu, una cualidad de la vida cristiana a ser cultivada continuamente. El segundo nivel da al cristiano una fuerza especial para vivir en santidad y testificar con poder. En la mayor parte de mi vida cristiana no supe que hubiesen más niveles disponibles para los cristianos de hoy en día.

El tercer nivel de fe, como lo veo ahora, es una fe pensante en posibilidades. He tomado el nombre de las enseñanzas del pastor Robert Schuller, porque lo aprendí de él. Esta es una fe que fija metas. Es el poner sustancia en las cosas que se esperan por lo que leemos en Hebreos 11:1. Es la fe que describí cuando hablé acerca de fijar metas en el último capítulo. Es la fe de Al Hendson de la Iglesia Bautista Lighthouse. Aquí están las mismas palabras de Schuller: "Pensar en posibilidades es la utilización máxima de los poderes de la imaginación dados por Dios ejercitados en soñar formas posibles en las cuales un objetivo deseado puede ser alcanzado". Él continúa diciendo que ese es el tipo de fe a la cual Jesús se refirió cuando mencionó el ordenarle a una montaña que se mueva.[4]

El cuarto nivel de fe, lo llamo fe de la cuarta dimensión, tomando el nombre del título de uno de los libros de Paul Yonggi Cho, "La Cuarta Dimensión". Esta es la fe que confía en Dios a través de señales sobrenaturales y maravillas. Este es el "Escudo de la fe" el cual se enfrenta a principados, poderes, y gobernantes de las tinieblas de este siglo tal y como es descrito en Efesios 6:10-17. Este nivel de fe se ha vuelto tangible para mí a través de un curso que ayudé a enseñar al pastor John Wimber en el Seminario Fuller, comenzando en 1982, llamado "MC510: Señales, maravillas y crecimiento de la iglesia". Dios no sólo nos ha mostrado señales y maravillas directamente en el salón de clase, sino que nuestro estudio ha empezado a descubrir hechos previamente escondidos acerca de cómo este cuarto nivel de fe se relaciona con el crecimiento de la iglesia.[5] Esto es especialmente verdadero en los orígenes de varias de nuestras denominaciones de hoy en día. Mi percepción es que varios más de nosotros serán íntimamente familiarizados con el cuarto nivel de fe antes del fin de esta década. Si es así, nuestras iglesias crecerán como nunca antes lo han hecho.

Estar preparado para resolver problemas

Tener una visión para el crecimiento no significa que estará libre de problemas. Sin embargo, al construirse la fe, los problemas se verán más y más como oportunidades.

Si intenta guiar su iglesia al crecimiento, debe planear el presupuestar una considerable porción de su tiempo para enfrentar problemas y resolverlos. Si usted es el líder, hasta el más recalcitrante de los hombres necesitará reunirse y hablar con usted.

Tener metas claras le ayudará a resolver problemas. Un secreto es reconocer un problema en sus momentos iniciales, antes de que esté fuera de control, y una vez que es descubierto, no posponga el solucionarlo, por más desagradable que sea. Una forma de hacer esto es monitorear su progreso continuamente, fijando y refijando metas de corto alcance. Las correcciones a medio curso son extremadamente importantes para evitarle el perder el momento de crecimiento ganado tan difícilmente.

El Movimiento para el Crecimiento de las Iglesias ha acentuado siempre el pragmatismo, y aún lo hace aunque varios lo han criticado. No es el tipo de pragmatismo que compromete la doctrina o la ética, o el tipo que deshumaniza a la gente usándola como medios para alcanzar el fin. Es sin embargo, el tipo de pragmatismo consagrado, el cual examina todas y profundamente las metodologías tradicionales y programas haciendo preguntas duras. Si algún tipo de ministerio en la iglesia no está alcanzando las metas propuestas, el pragmatismo consagrado dice que algo está mal y que necesita ser corregido.

Déjeme referirme una vez más al pastor Rick Warren de la Iglesia Comunitaria del Valle de Saddleback. Amo su pragmatismo consagrado. Él es un líder que tiene metas claras y que no permitirá que ninguno use la expresión "nosotros nunca lo hicimos de esa forma antes" como una excusa para la inacción, mediocridad o inercia. Para entender esto es necesario darnos cuenta de que Rick Warren es un bautista del sur. De todas las denominaciones norteamericanas, los Bautistas del Sur están en un muy alto porcentaje entre aquellos de las tradiciones más rígidas. Warren es un sostenedor leal de las tradiciones denominacionales, excepto donde ellas se puedan volver un obstáculo para el crecimiento de la iglesia. Hay por lo menos cuatro tradiciones santificadas que él ignora notoriamente y las cuales afectarían tremendamente a varios colegas denominacionales.

Primero, Warren ha elegido no usar el nombre "bautista" en el nombre de su iglesia. Él es notoriamente bautista en sus regulaciones y práctica, pero el nombre es Iglesia Comunitaria del Valle de Saddleback. Warren descubrió que el nombre "bautista" no se asocia particularmente en el sur de California. Si su iglesia estuviera en Carolina del Sur, ciertamente la llamaría "bautista". Él no tiene nada personal contra el nombre.

Segundo, la tradición Bautista del Sur es la escuela dominical sirve como un filo que corta los esfuerzos evangelísticos. Esta puede que no sea la mejor forma de aproximación a la población alrededor de Laguna Hills. Así que Warren ha hecho espacio para publicar y enviar por correo, la verdad central de la evangelización. Más de 40% de los nuevos miembros de su iglesia oyeron de ella por primera vez a través de publicidad.

Tercero, casi cada iglesia Bautista del Sur ofrece una invitación pública para la salvación, rededicación, bautismo y membresía de iglesia después de cada servicio. Warren descubrió que esto era ofensivo para algunos que no eran miembros de iglesia alguna en su área del sur del Condado de Orange. Así que nunca extiende una invitación aparte de pedir que llene un sobre de repuesta y que lo deje o lo envíe por correo posteriormente. El resultado es tan bueno como la mejor de las invitaciones de tipo tradicional.

Cuarto, el procedimiento tradicional para hacerse miembro en una iglesia Bautista del Sur es uno de los más fáciles de los Estados Unidos. Si usted ha sido bautizado como un creyente, usted puede ir delante después del servicio y tomar la membresía en el frente. Rick Warren, un estudiante de crecimiento de iglesia, ha aprendido el principio de compromiso el cual he explicado anteriormente. Así que él solicita una clase de seis semanas para nuevos miembros, y ha descubierto que elevando el nivel de compromiso es de hecho, un principio práctico de crecimiento.

Planea un efectivo alcance externo

Su iglesia tiene buenas nuevas para la gente de su comunidad. Por lo tanto, constantemente debe asegurarse de que está usando los mejores métodos para comunicar ese mensaje a la gente que está fuera de la iglesia y que está alrededor suyo. ¿Qué puede hacer para estar seguro de que lo está haciendo?

Primero, aprenda de la experiencia. Está bien experimentar con alguna metodología nueva de alcance externo; pero pruébela para estar seguro de que funciona. No sea como el pastor que Mónica Hill, editora del *British Church Growth Digest*, menciona. Este pastor reportó que había movilizado algo de su gente para tocar a las puertas llevando literatura cristiana como un método de evangelización externa. El primer trimestre habían tocado a 2.000 puertas. "¿Cuál fue el resultado?", preguntó Mónica Hill, "¿cuántos contactos significativos hiciste?" El pastor contesto: "Ninguno, así que vamos a redoblar nuestros esfuerzos. ¡Tocaremos 4.000 puertas el próximo trimestre!"

Segundo, conozca las necesidades de la gente no alcanzada por la iglesia en su comunidad. Hay una forma justa, simple y efectiva de hacer esto. Realice una encuesta de opinión de al menos 100 dueños de casa en su área de ministerio, seleccione la muestra lo más cuidadosamente posible, tratando de parear los dueños de casa que ha visitado con su propia congregación en términos de etnia, estatus socioeconómico, nivel educacional, edad y proximidad geográfica. Toque las puertas y pregúnteles por sus opiniones, la mayoría estarán contentos de dársela. Luego, haga las cinco preguntas de Rick Warren (las cuales ha adaptado de las preguntas que Robert Schuller usó algunos años atrás):

1. ¿Eres miembro activo de una iglesia cercana? Si la respuesta es sí, la entrevista termina ahí. Desee el bien para la persona; pero recuerde que está buscando la opinión de la gente no alcanzada por la iglesia.
2. ¿Cuál crees que es la más grande necesidad en (Inserte el nombre de su comunidad)?
3. ¿Por qué crees que la mayoría de la gente no asiste a la iglesia? Debe estar seguro de no cambiar las palabras en esta pregunta clave.
4. Si estuvieras buscando una iglesia en el área, ¿qué tipo de cosas buscarías?
5. ¿Qué consejo darías al pastor de la iglesia cercana? ¿Qué, por ejemplo, puedo hacer por ti?

Tome notas al ir hablando, luego deje a la persona un folleto describiendo a su iglesia. Cuando tenga 100 páginas de notas, estúdielas por un largo tiempo en una actitud de oración. Debe encontrar que tiene un buen manejo en las necesidades de la gente no alcanzada por la iglesia en su área.

La tercera sugerencia que tengo es apuntar su ministerio externo en las respuestas. No sea fortuito sino sea sistemático en cómo invertir el esfuerzo humano y energía en la evangelización externa. La teoría de resistencia receptiva, una parte prominente de las enseñanzas de crecimiento de iglesia a través de los años, intenta descubrir formas de predecir en el tiempo, qué grupos de personas serán más receptivas al mensaje de las Buenas Nuevas. Aquí hay algunas sugerencias bien probadas:

Empiece con amigos y familiares de miembros de la iglesia, especialmente amigos y parientes de nuevos miembros. Varios llaman a esto evangelización *oikos* (palabra griega para cabeza de hogar o dueño de casa), y funciona bien.

Empiece con los recién llegados a la comunidad. Puede que tome algún estudio persistente para descubrir cómo puede identificar a esta gente; pero sus esfuerzos serán premiados grandemente. Hay usualmente una forma.

Empiece con los visitantes en su iglesia. Dé una alta prioridad al hacer contactos, dentro de un día más o menos, con todos aquellos que viven en su área de ministerio y visitan su iglesia o Escuela Dominical.

Empiece con la gente a la cual pueda satisfacer sus necesidades. La encuesta de opinión que ha tomado está diseñada para informarle del espectro de necesidades. Decida cuidadosamente en cuáles su iglesia se puede especializar y esfuércese por alcanzar la excelencia en dichas áreas.

Empiece con gente que esté pasando un período crítico en sus vidas y que necesitan un toque especial de amor e interés.

Dos pastores amigos hicieron recientemente algunas cosas creativas con el propósito de desarrollar puntos de contacto con gente no alcanzada por las iglesias en sus áreas, ambos se enfocaron inicialmente en los niños. Uno en Denver, Colorado, hizo una "Feria de Niños" en una escuela del vecindario. Era un tiempo festivo diseñado alrededor de todo tipo de quioscos y juegos con dardos, bolsitas de frijoles,[1] esponjas mojadas y botellas. En la feria cada niño estaba invitado a tomarse una foto con una especie de E.T.[2] Al final de la feria, miembros de un equipo de ministerio de la iglesia entregaron las fotos en persona a los padres y les hablaron acerca de la iglesia y de Jesucristo.

Mi otro amigo, en el norte de Pensilvania contrato a un artista para pintar un mural en la pared de la iglesia. Era de Jesús bendiciendo a los niños. Un equipo ministerial de la iglesia fue entonces a través del vecindario a preguntarles a los padres si querían que sus hijos fueran pintados con Jesús. Aquellos quienes tomaron sus hijos e hijas para posar para el artista, recibieron en cada caso, un contacto significativo siendo una familia nueva. En ambos casos, estas iglesias hicieron un favor a los niños que los padres apreciaron.

Asimilando nuevos miembros

Varias iglesias con ministerios externos activos encuentran que aún no están creciendo bien. Los bautismos son muchos. Varios miembros nuevos llegan a la iglesia. Pero la asistencia permanece constante de un año a otro. Este estado de cosas es usualmente un síntoma de debilidad en el proceso de asimilación. La puerta trasera de la iglesia está totalmente abierta y debe encaminarse a cerrarla.

Generalmente hablando hay dos formas principales de estar seguros de que un nuevo miembro ha sido asimilado. Una es asignándole una tarea. Si los individuos se encuentran con una responsabilidad la cual contribuye al bienestar de la iglesia, es probable que se queden. Al ir

---

1 Nota del traductor: Los niños en Norteamérica usan bolsitas de frijoles secos para jugar.

2 Nota del traductor: Amigable monstruo extraterrestre aparecido en la película E.T. a comienzos de los ochenta.

la iglesia creciendo, sin embargo, se vuelve más y más difícil asignar tareas a los miembros nuevos. En las iglesias grandes la mayoría de oportunidades de tareas son encontradas en los grupos de comunión pequeños. Crear estos grupos es la segunda forma en que los nuevos miembros pueden ser asimilados.

Una de las más serias actitudes que inhiben el crecimiento que se desarrolla en una iglesia es lo que Lyle Schaller llama "su inclinación natural a pensar de su congregación como una familia grande".[6] Por supuesto que iglesias pequeñas de célula única ya han decidido que ellos son y permanecerán como una familia y esa es la razón por la cual su potencial de crecimiento es bajo.

Uno de los siete signos vitales de una iglesia saludable mencionados en mi libro "Your Church Can Grow" (Regal Books, 1976) es el balance apropiado entre lo que yo llamo, la celebración, la congregación y la célula. La celebración es el servicio de adoración donde todos los miembros de la iglesia llegan para reunirse con Dios. La función básica de la *celebración* es adorar, aunque otras cosas ocurren de igual modo. Cualquier número puede reunirse en la adoración, y en algunos casos entre más mejor. La función básica de la *congregación* es el proveer una comunión social significativa para los miembros. Son los grupos pequeños (de cara a cara) y puede producir mejor esta comunión cuando son entre treinta y cinco y ochenta miembros. La función de la *célula* es más que estar cara a cara, lleva a la gente a una relación corazón a corazón produciendo un alto nivel de intimidad personal y respuesta. El tamaño óptimo para los grupos de célula es de ocho a doce personas.

Mientras hay algunas excepciones a esto en ciertas situaciones (tales como áreas de baja movilidad social donde las familias extendidas viven en la misma área), en la mayoría de las áreas urbanas y suburbanas, desarrollar grupos como éste será la clave para asimilar sus nuevos miembros. Es imperativo para los pastores de crecimiento de iglesia el supervisar esto rígidamente. Idealmente los grupos mismos deben tener tal visión por el crecimiento que ellos voluntariamente inicien la formación de grupos nuevos de forma regular. Realísticamente, sin embargo, esto raramente ocurre. Como he mencionado, la *koinonia* se vuelve muy fácilmente koinonitis, y los grupos pequeños pueden en realidad oponerse al cambio. Sólo un fuerte liderazgo persistente de alto nivel puede iniciar y continuar el proceso de formación de nuevos grupos.

Hay momentos cuando la estructura de grupo de una iglesia es muy sutil. Conozco de una iglesia grande que ha ido perdiendo sus jóvenes adultos primariamente por sus estructuras de grupo. La iglesia asume que los graduados de escuela secundaria[3] irán a la Universidad y que las clases de la Universidad están diseñadas para proveer grupos propios de ellos. Debido al natural "snobismo" de los estudiantes de la Universidad, aquellos graduados de escuela secundaria que deciden ir directamente al mercado de trabajo son excluidos rápidamente. No hay grupo en la iglesia que haya sido creado para llenar las necesidades de los jóvenes de dieciocho a veinticinco años que están trabajando, varios de ellos se salen por la puerta trasera, sin que el personal pastoral se dé cuenta. Crear una clase de carreras universitarias no sería la solución. La clase de universidad es parte del departamento de *jóvenes* directamente. Pero la gente trabajadora se percibe a sí mismo como adultos, así que una clase para ellos debe ser parte del departamento de

3 Nota del traductor: Equivalente de High School en los Estados Unidos.

adultos aunque ellos estén en la misma edad que aquellos del grupo de universidad.

Es útil para los líderes y miembros de las congregaciones o grupos cara a cara el poder entender su responsabilidad en asimilar nuevos miembros. Me gusta el modelo que mi amigo el pastor Frank Barker de Briarwood Presbyterian Church en Birmingham, Alabama ha establecido. En el momento en que este libro se imprime su iglesia tiene una asistencia de 2.500 personas. Doce ancianos de la iglesia han sido asignados con la responsabilidad de "líder de tribu" y puestos en una área geográfica. Dentro del área de cada tribu hay varios rebaños cada uno pastoreado por un "presbítero del área" quien reporta al líder de tribu. Un detallado *Shepherding Manual* preparado por Barker mismo define los requisitos para contactar a cada miembro del grupo al menos una vez al mes y tener reuniones de rebaño regularmente para promover la comunión. Luego dice: "Sé responsable por la asimilación de los miembros nuevos asignados a tu área". Cuando una persona nueva del área, se inicia en la clase para miembros nuevos de la iglesia, el presbítero del área es llamado el cuarto domingo de las clases de seis semanas. El miembro nuevo es presentado al presbítero del área quien estudia el material del paquete de miembros nuevos con él o ella. El presbítero del área está para saber de los intereses del nuevo miembro y dones espirituales y explicar las varias áreas de servicio que ofrece la iglesia. El presbítero del área es también responsable de ver que el miembro nuevo se haga parte del grupo de estudio bíblico en hogares y de la Escuela Dominical. No sorprende que la puerta trasera de Briarwood Presbyterian Church esté cerrada.

Note que el sistema de pastoreo en Briarwood Presbyterian Church puede operar tan sólo porque Barker funciona como ranchero, no como pastor. Su iglesia está muy feliz con esta disposición. Así como la iglesia Central del Evangelio Completo en Seúl Corea. Paul Yonggi Cho dice: "En nuestra Iglesia es imposible para mí tener contacto personal con 150.000 miembros (al momento de escribirse este libro: 300.000). Pero a través de los líderes de células tengo contacto en una forma secundaria con ellos. Me aseguro de que nuestros miembros están siendo cuidados, disciplinados, alimentados y corregidos apropiadamente cuando se necesita".[7] Estoy de acuerdo con Lyle Schaller cuando dice: "La responsabilidad de un ranchero u obispo es ver el cuadro en su totalidad, para estar seguro de que todo sea bien hecho, en vez de intentar hacer todo el trabajo por sí mismo."[8] Parte de ver todo el cuadro es estar seguro de que los nuevos miembros están siendo asimilados en la vida de la iglesia.

Educando a los granjeros

En un capítulo previo mencioné el conflicto predecible pionero-granjero el cual ha cogido varios de los descuidos del pastor. Conociéndolo y entendiéndolo por lo que es, constituye un importante primer paso en administrar el conflicto por el crecimiento. No puedo contar cuantos pastores han compartido sus conflictos pionero-granjero conmigo y lamento reportar que la mayoría fueron derrotados por esto.

Los pioneros, que son la guardia vieja, han identificado una serie de tradiciones y costumbres, "nuestra forma de hacer las cosas", con la iglesia misma. Si la iglesia se estanca por un período de tiempo, esas tradiciones se estrechan más profundamente cada año. Por supuesto, no hay conflicto durante dicho período de tiempo porque no hay amenaza a las tradiciones. Pero entonces si una iglesia estancada empieza a crecer por cualquier número de razones, tal como un avivamiento, el pastor despierta a una nueva visión de crecimiento de iglesia, y no importa si viene un nuevo pastor orientado al crecimiento de la iglesia, o es él mismo que tiene, el problema puede estar a la vuelta de la esquina.

El conflicto usualmente no aparece tan pronto como la iglesia empieza a crecer. Los pioneros, primeramente, están deleitados al ver nuevos miembros. Pero como el crecimiento continúa y los nuevos miembros empiezan a sentirse más confortables en la congregación, los pioneros empiezan a ganar un conocimiento de que su control será amenazado pronto. Ellos esperarán a que los nuevos miembros adopten los valores y patrones de conducta de los pioneros, y se perturban cuando la realidad muestra que varios de los granjeros tienen agendas diferentes.

Uno de los análisis más útiles que he visto del conflicto pionero-granjero viene del pastor Richard Hertel de la Iglesia Cristiana Reformada Ridgeview Hill cerca a Denver, Colorado. Él señala que "la desafección del pionero es usualmente altamente emocional". Mientras los asuntos son identificados y aparentemente dirigidos racionalmente, estas son usualmente una fachada que cubre los sentimientos reales. Hertel dice: "Luego de una reciente serie de reuniones en Ridgeview Hills con un grupo de pioneros alterados, se volvió aparente que los intereses reales no eran ni teológicos ni cognitivos". Los pioneros estaban realmente temerosos de que "estábamos perdiendo nuestra 'Reformidad Cristiana'". Ellos tienen una herencia holandesa y sus familias han estado por generaciones en la denominación. La iglesia y sus tradiciones se han vuelto parte de la fabricación de su identidad propia. En cuatro años de crecimiento bajo Hertel, la congregación fue de 80% holandesa a casi 50%, y es fácil ver como esto podría levantar emociones contrarias.

Los pioneros estuvieron correctos. Las tradiciones estuvieron verdaderamente cambiando. "Bajo estas condiciones", Hertel dice: "El pastor debe una vez más definir la visión, envolver a las personas, e invitarlas a unirse al peregrinaje". A veces los pioneros pueden ganar el apoyo, no usualmente por presentaciones bien sazonadas en reuniones de junta, sino por una intensa nutrición de uno a uno o visitación del Espíritu Santo en genuina renovación, el cual doblega corazones y cimienta relaciones. Pero a veces, como dice Hertel, "el acto más pastoral puede ser el ayudar a tales miembros a encontrar una nueva iglesia".[9] Eso, por supuesto, es el último recurso. Pero cualquiera que sea el curso de la acción, el resultado al final debe ser colocado por los granjeros dentro del liderazgo funcional (no sólo formal) laico de la iglesia.

Quedé contento al escuchar el resultado de un inusual y alegre conflicto pionero-granjero potencial de mi amigo Don Baker de Hinson Memorial (bautista) Church en Portland Oregon. Él ha sido pastor por nueve años y ha visto a la membresía crecer de 800 a 2.800 con 300 miembros adicionales enviados a plantar nuevas iglesias. De los 2.800 miembros actuales 2.700 son granjeros, personas que llegaron desde que él tomó el pastorado.

Cuando Baker vino por primera vez a Hinson Memorial él tuvo una ventaja porque había servido como asistente en el cuerpo directivo algunos años previos. Él supo con anterioridad quién fue el líder de facto de los pioneros , y él sabía que este hombre había estado inherentemente opuesto al cambio. Así que él dispuso lo necesario para tener un almuerzo con él una vez por semana de 12:00 a 2:00. Él derramó su vida en el desarrollo de estos contactos durante meses. Lo invitó a las reuniones del cuerpo de administración y pasó fines de semana con la familia. Luego, en el momento apropiado, Don Baker invitó a su amigo pionero quien tradicionalmente había estado contra la expansión, a ser el director de expansión de la iglesia con un salario de un dólar al año. Él aceptó y se volvió la persona de primera línea en el proceso entero de tomar decisiones. Sin necesidad de decirlo, él cargó no sólo a los granjeros sino también a sus compañeros pioneros, y la iglesia tiene un porcentaje de crecimiento de 302% por década.

Añada el personal que necesite

Muchas iglesias no tienen un personal adecuado para su crecimiento. Ellas prefieren mantenerse e ir sobreviviendo pero nada de crecimiento. Si su iglesia está en el momento de comenzar su crecimiento, añadir un personal adecuado es una prioridad importantísima. Antes de que haga algunos comentarios en añadir personal para el crecimiento, déjeme recomendar el mejor libro en la materia: Lyle Schaller *The multiple Staff and the Larger Church* (Abingdon Press, 1980). Si hay alguna pregunta ya sea de parte del clero o del laicado acerca de cuándo y cómo añadir personal, este libro tiene las respuestas.

En una iglesia en crecimiento, la calidad y cantidad del personal son importantes. La regla para cantidad es que usted debe tener un programa de personal (incluyendo personal de soporte como secretarias) por cada 100 miembros activos. Esto parece como demasiado porque muchas iglesias tienen poco personal para el crecimiento. En mis clases de plantar iglesias recomiendo que una iglesia que planea ir más allá de la barrera de los 200 debe idealmente empezar con un pastor principal y con un miembro de personal. Si esto es imposible añada el nuevo miembro de personal antes de que la iglesia llegue a 100 miembros activos y otro antes de que llegue a 200. En este punto del crecimiento la inversión en personal es más sabia que la inversión en facilidades. Use locales alquilados por más tiempo del que usted piensa que debería. Cuando el pastor Jack Hayford empezó su ministerio en Church on the Way, 24 personas asistieron al primer servicio. Inmediatamente añadió dos miembros del personal y el crecimiento de esa iglesia es una leyenda viva.[10] El pastor Kent Tucker empezó la Iglesia Gracia en Aurora, Colorado con dos miembros del personal y añadió un tercero antes de que la membresía activa alcanzara los 200. No todas las iglesias son iguales, hay muchas variantes que entran en el cuadro, pero esta es una buena regla.

Con respecto a la calidad de personal tengo tres sugerencias:

Primero, reclute nuevo personal basado en los dones espirituales. Cuando un pastor me pregunta: "¿Qué persona debo añadir a mi personal?" ellos usualmente esperan que les diga un ministro de música o un ministro de jóvenes o un ministro de evangelización externa. Nunca he dicho eso. Digo que deben encontrar a una persona que tenga los dones espirituales que ellos no tienen. Justo como en el Cuerpo de Cristo, como un todo, el personal del programa debe ser un equipo hecho de personas cuyas habilidades cada una ayude a las otras en vez de hacerlas tropezar. El ideal de todo omnicompetente pastor es un factor negativo para el crecimiento. Estoy de acuerdo con Lyle Schaller quien critica denominaciones y sistemas educacionales los cuales "están diseñados para alentar a los ministros a asistir a eventos de continuación educativa en aquellas áreas del ministerio donde no están bien". Él continúa diciendo: "Escoge lo que puedes hacer mejor y hazlo".[11] Cuando todos los miembros del personal están trabajando en las áreas donde son dotados puede esperar una armonía máxima, satisfacción en el trabajo y efectividad de ministerio.

Segundo, reclute nuevo personal basado en la devoción al pastor principal. Desde Max Weber, los teoréticos han dado un bajo puntaje a la necesidad de una lealtad del personal hacia el líder carismático, desde esta perspectiva se ve casi increíble que en un punto temprano de este desarrollo, el consistorio de la Catedral de Cristal de Robert Schuller (luego llamada Iglesia Comunitaria de Garden Grove) contrató un pastor asociado para Schuller mientras él estaba de vacaciones y sin su conocimiento. Sin necesidad de decirlo, no sólo el pastor asociado sino el consistorio fueron cambiados. Paul Yonggi Cho emplea un sistema único para cuidar de los miembros del personal que quieren ser pastores principales. Él dice: "Voy a proveerle un salario y suficiente dinero para empezar su propia iglesia donde les parezca conveniente". Hacia 1980, setenta y cinco iglesias empezaron de dicha manera.[12]

Finalmente, debe estar seguro de que los nuevos miembros de personal de todo corazón aceptan su filosofía de ministerio de la iglesia. Esta es otra razón para ir a través del proceso de poner su filosofía de ministerio por escrito. Esto no debe ser sólo un consentimiento intelectual, sino una convicción de todo corazón. Cuando se unen al personal ellos deben sentir que se están uniendo a una causa.

Una forma que algunas iglesias han hallado utilidad en encontrar las tres cualidades mencionadas, es el reclutar nuevo personal de la congregación misma. Conozco de algunas iglesias grandes tales como la Primera Iglesia Bautista en Modesto, California, con el pastor John MacArthur, el cual virtualmente ha reclutado todo su personal de miembros de la congregación. Alrededor de los Estados Unidos lo veo como una tendencia de pequeña escala. Las ventajas son obvias. Los dones espirituales del candidato son bien conocidos y no hay duda acerca de la lealtad al pastor principal o en identificarse con la filosofía del ministerio.

El que está en ventaja en adaptar el sistema de Paul Yonggi Cho de células en hogares en la escena norteamericana puede ser el pastor Norman Boschoff de Hoffmantown Baptist Church (Bautista del sur) cerca de Albuquerque en Nuevo México. Él también ha instituido uno de los programas de reclutamiento del personal más agresivo e innovador que he visto. Él invita a cualquier miembro de la iglesia a volverse un líder de grupo en su vecindario. Parte de la dinámica de estos grupos de vecindario es que ellos deben dar nacimiento constate a nuevos grupos. Si usted es un líder exitoso de grupo y si se vuelve padre espiritual de un total de dieciséis grupos, es elegible para una posición a medio tiempo en el personal de la iglesia con un salario de $2.900 anuales (dólares de 1983). Al ir añadiendo nuevos grupos el salario sube a $22.000 por treinta y dos grupos y una posición a tiempo completo. Los graduados de seminario son alentados a unirse a la iglesia y trabajar ellos mismos en una posición, pero sus grados académicos no lo van a hacer por ellos. Sólo el fruto de sus ministerios les dará el trabajo.

Predique para crecer

Tenemos repisas de libros en homilética; pero relativamente poca literatura en cómo predicar específicamente para el crecimiento de la iglesia. Estoy pensando en hacer mucha más investigación sobre esto en el futuro, pero mientras tanto tengo cinco sugerencias breves.

Primero, haga que su predicación corresponda a su filosofía de ministerio. Una de las ventajas en escribir su filosofía de ministerio es que esta le da dirección en su calendario de predicación. Obviamente usted predicará distintamente en un salón de clases y otra en una situación de la vida de la iglesia. Al ir haciendo su planificación a largo alcance y también al ir preparando cada sermón, tenga una idea clara de a quién está dirigiendo sus pensamientos. Por eso, sea consistente. No dirija sus mensajes a una audiencia un domingo y a otra al siguiente, aunque esto puede ser hecho en servicios diferentes. Algunas iglesias han tenido éxito en tener dos servicios de adoración, cada una con un estilo diferente para diferentes audiencias. Otras han encontrado que sus filosofías de ministerio requieren servicios idénticos. Algunos predican para no creyentes los domingos en las mañanas y para creyentes los domingos en las noches. Quiero decir que su filosofía de ministerio es el punto de inicio para un pensamiento claro acerca de predicar para el crecimiento.

Segundo, use el poder del púlpito para motivar a su gente al crecimiento. El pastor Joe Harding de la Iglesia Protestante Unida Central (United Methodist), en Richland, Washington, ha visto su asistencia llegar a 1.200 en años recientes. Una de las razones de esto es que la gente quiere que la iglesia crezca y están dispuestos a pagar el precio. Harding está de acuerdo con que la visión para el ministerio empieza con el pastor y esta debe ser comunicada a la congregación. "¿Cómo sabe la congregación realmente que el pastor quiere que la iglesia crezca?" pregunta Harding. "Él lo proclama domingo tras domingo desde el púlpito. Sus mensajes elevan la prioridad de la Gran Comisión de Jesucristo". Tras un período de tiempo, la gente entiende la visión. "Ellos empiezan a ver la comunidad a través de los ojos del crecimiento de iglesia".[13]

Tercero, sea positivo. El Evangelio son buenas noticias, así que haga que sus sermones comuniquen buenas noticias. Sea afirmativo y elevador. Predicadores preparados pueden hasta predicar de una forma positiva contra el pecado, tal y como lo ilustró Jesús cuando fue confrontado con la mujer que cometió adulterio y cuando habló con Zaqueo. Robert Schuller aconseja a los predicadores a estimular las emociones positivas de los que escuchan tales como: "amor, gozo, paz, amabilidad, gentileza, fe, esperanza, humor, aspiración, confianza, respeto, confianza propia, entusiasmo, ambición, coraje, optimismo". Él recomienda no jugar con emociones negativas tales como "miedo, sospecha, enojo, prejuicio, pena, odio a uno mismo, pesimismo".[14]

Cuarto, evite asuntos controversiales. Estoy seguro de que la recomendación de evitar asuntos controversiales es en sí misma controversial. Algunas filosofías de ministerio como la de la Iglesia Riverside en la Ciudad de New York, requiere que el ministro trate con asuntos controversiales desde el púlpito. Sin embargo, y a la larga, con notables pero raras excepciones, la predicación controversial es un factor contra el crecimiento. Esto ha sido confirmado por un impresionante cuerpo de investigaciones en la razones del declinamiento de las iglesias de primera línea en los Estados Unidos en las dos décadas pasadas. El pueblo norteamericano, creyentes y no creyentes, se han molestado suficiente con la controversia en el curso de cada semana promedio. Ellos van a la iglesia por una palabra de amor, seguridad y aliento.

Tenga en cuenta que la definición de lo que es o no un asunto controversial es determinado por el perfil de la congregación y su filosofía de ministerio. Entre la gente de Jerry Falwell, por ejemplo, el aborto y el permitir la oración en las escuelas públicas no son asuntos controversiales al tener 100% de consenso en la congregación acerca de estos asuntos. En varias otras situaciones sin embargo, ellas pueden ser extremadamente controversiales.

Finalmente, predique a las necesidades personales. Use la encuesta de opinión que sugerí como un punto de inicio para descubrir las necesidades. Una vez que empiece, su conciencia mental será programada para tomar varios más, y los tópicos de sermones se multiplicarán. La gente necesita ayuda y usted se la puede dar en sus sermones. Use títulos que estén en el lenguaje de la gente. Vaya a un estanquillo y mire los títulos de los artículos de las revistas más vendidas. Paul Yonggi Cho dice: "La gente siempre está viniendo a la iglesia con gran necesidad, pero si el predicador está hablando sólo de teología, historia y política la gente no recibirá ayuda en sus vidas presentes donde necesitan el mensaje".[15] Mantenga sus mensajes bíblicos; pero manténgalos simples si es que quiere llenar una necesidad humana. Me gusta la forma en que Rick Warren lo puso una vez: "Es un pecado el tomar el libro mas emocionante del mundo y aburrir a la gente con él".

Si usted puede servir una dieta de sermones positivos enfocados en lo real, sintiendo las necesidades de la gente, estará predicando para el crecimiento.

NOTAS

1. Elmer L. Towns, *An Analysis of the Gift of Faith in Church Growth* (Disertación para doctorado en ministerio, Pasadena, CA: Fuller Theological Seminary, 1983), pp. 88-89.

2. Merrill E. Douglas y Joyce McNally, "How Ministers Use Their Time", *The Christian Ministry,* enero 1980, p. 23.

3. Paul Yonggi Cho, *Successful Home Cell Groups* (Plainfield, NJ: Logos International, 1981), p. 133.

4. Robert H. Schuller, *Your Church Has Real Possibilities* (Ventura, CA: Regal Books, 1974), p. 86.

5. Para más información de MC510: Signs, Wonders and Church Growth, ordene el libro de estudio *Signs and Wonder Today* de Christian Life, 396 E. St. Charles Rd., Wheaton, IL 60187. Envíe $4.95 más $1.00 para gastos de envío y manejo.

6. Lyle E. Schaller, *Growing Plans* (Nashville: Abingdon Press, 1983), p. 93.

7. Cho, *Successful Home Cell Groups,* p. 71.

8. Schaller, *Growing Plans,* p. 93.

9. Richard A. Hertel, "Pioneers and Homesteaders: Settling and Old Boundary Dispute" (Manuscrito de Doctor en Ministerio, Pasadena: Fuller Theological Seminary, 1982), p. 29.

10. Ver Jack Hayford, *The Church on the Way* (Santa Ana: Chosen Books, 1982), pp. 11, 16.

11. "The Changing Focus of Church Finances", entrevista con Lyle E. Schaller, *Leadership*, primavera, 1981, p. 15.

12. Cho, *Successful Home Cell Groups,* p. 47.

13. Joe A. Harding, *Have I Told You Lately...?* (Pasadena, CA: Church Growth Press, 1982), p. 13.

14. Schuller, *Your Church Has Real Possibilities,* p. 136.

15. Cho, *Successful Home Cell Groups,* p. 156.